6歳から身につけたいマネー知識

子どものお金相談室

キッズ・マネー・スクール［著］

キッズ・マネー・スクール代表
三浦康司［監修］

キッズ・マネー・スクール
プラチナ認定講師
草野麻里［監修］

青春出版社

はじめに

親が答えることは、なんでも正解

「ねえ、お父さんのお給料って、いくら?」

「もっとお金ちょうだい! だって、足りないんだもん」

「カードとかスマホで〝ピッ〟ってすれば、なんでも買えるんでしょ?」


こんなことを子どもにいわれて、ドキッとした経験はありませんか? 本書を手に取ってくださった親御さんたちは、おそらくこうした子どものストレートな質問に、「どうしよう?」「答えられない」と戸惑った方々なはずです。

そんな親御さんたちの悩みに応えるために作られたのが、本書『子どものお金相談室』です。

私は「日本こどもの生き抜く力育成協会」の代表理事として、「キッズ・マネー・スクール」を主宰しています。「キッズ・マネー・スクール」には専任の認定講師「子どものお金の先生」が全国に840名以上おり、親子で楽しく学べるお金の授業を各地で開催しています。

気軽な気持ちで参加された親御さんたちは、講義後に、真剣なまなざしで、

「実は、困ったことがあるんです……」

と、冒頭に挙げたような質問を講師に投げかけます。

「……先生、なんと答えたらいいのでしょうか？」と。

全国各地から寄せられた親御さんの悩みはとても切実です。また、子どものために、「正しい答えを知りたい」「ちゃんと答えたい」という一生懸命さにあふれています。

「キッズ・マネー・スクール」の講師としてだけではなく、同じように子育てする仲間として、親御さんの悩みにぜひ答えたいと思い、できあがったのが、本書『子どものお金相談室』なのです。

本書では、1つ1つの悩みに、「キッズ・マネー・スクール」専属の講師陣ひとりひとりが答えるかたちをとっています。自身の子育て経験やおこづかいの渡し方の経験を例に挙げたり、お金の知識や知恵を踏まえてアドバイスしたり、お金との向き合い方と幸せや喜びの関係性について考えてみたりなど、その答えはとても広く、深く、時に笑えたり、ほろっとさせたりするものもあります。

悩んでいる人に必要なのは、たった1つの正解やベストアンサーではなく、話を聞いてくれる誰か（何か）だと思うのです。

一人で孤独に子育てをしていたら、とても辛いです。でも、「そうなんだね」「よく考えたね」「私も同じように悩んでいた」と辛い気持ちを受け止めてくれる人がいたら、どうでしょうか。

悩みそのものがとても軽くなり、「どうにかなるかな」「なんとかなるかも」と、心がクイッと上向きになるのではないでしょうか。

お金の知識は今の子どもたちに伝えなければいけない大切な教育の1つですが、「少しでも、子育て中の親御さんたちの困り事を減らす」というのも、本書のもう1つの大切な目的なのです。

53の質問は、どこの家庭でも一度は、子どもから問いかけられるものばかりです。答えてくれた講師陣は皆、お金の知識を持ったプロですが、答えはあくまで一解決策にすぎません。お金に関する価値観や考え方は、ご家庭によりさまざまです。また子どもの性格に合わせて伝え方の工夫も必要です。たった1つの正解もなければ、絶対の間違いがないのも事実です。

本書の答えを参考に、ぜひ、「我が家なら、どうするか？」「うちの子には、なんて答えるのがいいか？」を考えてみてください。

子育ては、試行錯誤の連続です。

この本は子どものお金の質問に答えるための目的で企画しましたが、「子どものためにはどうしたらいいか？」をとことん考えてつきつめていった結果、子育て全般のヒントがちりばめられた1冊となりました。

安心してください。悩んでいるのは、あなた一人ではありません。

そして、子どもの質問に必死で答える親の言葉は、すべて正解なのだと思います。

仕事、家事、育児、介護に奮闘するお父さん、お母さんはもちろんのこと、本書が、子どもの成長に関わるすべての人たちの「いざとなったときの心の拠《よ》り所」となることを願っています。

2023年8月　キッズ・マネー・スクール代表　三浦康司

『6歳から身につけたいマネー知識　子どものお金相談室』CONTENTS

CONTENTS

第1章 お金の質問

おこづかい、いつからあげる？ いくら？ 25

第2章 このままでは、電子マネーだけしか知らない大人になる!?

第3章 大きくなったら、こんな大人になってほしい

CONTENTS

働くことの質問

第4章 急に電気代が増えた！ 家庭からはじまる経済の話

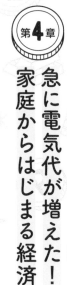

第5章 お金が増える!? 子どもも投資!?

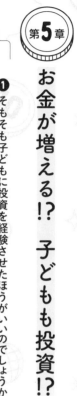

編集・構成◎渡辺のぞみ
カバーイラスト◎大野文彰
本文デザイン・DTP◎黒田志麻
校正◎鷗来堂

序章

うちの子と、お金の話をどうするか問題

お金のことをもっと楽しく語ろう

生きるためにはお金が必要です。

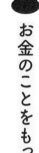

ごはんを食べる、会社や学校に行く、遊びや旅行にでかける、病院に行く……生きるためにすることのすべてにお金がかかっています。

ところがこんなにも大切なお金の話題が、日本では長年、タブーとされてきました。

「人前でお金の話をするなんてみっともない」

「やたらとお金のことをいうものではない」

「お金は汚いから、触ったら手を洗いなさい」

こういわれて育った親世代は、少なくないのではないでしょうか。

長いこと公然と話すことが避けられてきたのですが、ここ数年で事情が変わってきました。学習指導要領の改訂により、2022年4月から高校の家庭科の中で、資産形成の内容が導入されました。なぜ金融教育が取り入れられるようになったのか。その背景のひとつには、2019年に金融庁が公表した報告書の「老後資金2000万円問題」があります。少子高齢化が進み、年金受給額が減少して退職金も期待できなくなる今後を見据えて、若いうちからライフプランや資産形成を考えることが重要だとされたのです。

とはいえ、日本人はもともとお金のことをオープンに話すのを避けてきました。投資も資産形成も、今後生きる上で大事なことですが、それ以前に、挨拶をするような気軽さで、親子でお金のことを話す習慣からまずは始めたほうがいいでしょう。祖父母世代、そして親世代は、金融教育をほとんど受けていませんから、戸惑いがあります。むしろ、お金に対してネガティブなイメージを持っている人のほうが多いくらいです。

でも、時代は変わりつつあります。

これからの子どもは外貨に触れる機会も増え、外国人と一緒に暮らしたり学んだり働いたりするのが当たり前になるでしょう。

たとえば、ニュースを聞きながら「今日は1ドル135円だって。昨日より2円も円安だね」という話題を子どもに振るだけでも、いいのです。「ドル」「為替」などの言葉に慣れ親しんでおくだけでも、いずれ大人になって知識が追いついてきたときに「あ、ドルね」「あ、為替ね」とすんなり言葉を受け入れられるようになるはずです。それだけでも視野がとても広い人に成長します。

「だまされない」「ちゃんと稼ぐ」「自分のために投資する」

金融教育の本当の目的は、だまされないことです。そして、ちゃんと働いて稼ぐことでもあります。

家庭科の教科書にも取り上げられるくらいですから、投資（ひいては資産形成）も大事なのですが、金融教育というと「いかにお金を稼ぐか・増やすか」にどうも焦点が行きがちになっていることが気になります。ラクして稼ごうとするから、だまされたり、犯罪に巻き込まれたり、逆に犯罪に加担してしまったりするのです。金融の知識はラクに稼ぐための知識ではなく、危ないことや犯罪から自分を守るためのものでもあります。

そして、金融教育のもう1つの大事な目的は、自分のために投資できる人になること。勉強、遊び、資格の取得、誰かを助けるために寄付することなど、自分の人生や自分の周囲を幸せにするために、お金を使うこともできます。そうすれば、自分も嬉しい気持ちになりますし、周囲の人を喜ばせることもできます。

こんな前向きなお金の使い方こそ、これからの金融教育で日本の子どもたちに学んでほしいことです。そのためには、ぜひ子どもと、お金の話をオープンにしてください。そして、楽しいお金の使い方についてもどんどん話し合ってください。そういうご家庭が増えていけば、日本全体のお金のリテラシーも上がっていくと信じています。

親にしかできないお金の教育もある

まずは親子で対等に話をしてください。子どもの突拍子もない発言でも、受け止めてあげましょう。漫画やドラマのヒーローに憧れて「泥棒になってみたい！」「スナイパーになってみたい」「一生働かなくていいようなお金持ちになりたい」なんていい出すこともあるかもしれません。

頭ごなしに否定すると子どもは反発してしまいます。

どんなことでも、同じ目線の高さに親がおりてきて、話をしてください。

年齢が上がるにつれて親だけが世界のすべてではなくなりますが、小さなうちは、身近にいる親御さんやおうちの人のいうことに、影響されるものです。ですから、親がどんな姿勢でお金と向き合っているかも、そのまま子どもに反映されます。

子どもの性格やタイプを見極めて、「この子には、どんなおこづかいの渡し方がいいかな？」と考えられるのも、子どもをよく見ている親だからできることです。

たとえば、もらったお金をあっというまに使いきってしまう子もいれば、逆に貯めるばかりでずっと使わない子もいます。

あるお母さんは、貯めるばかりの息子の誕生日に5000円札を手渡して、こういったそうです。「ショッピングモールでこれ全部、1日で使いきってみてごらん。お金を使う楽しさもあるよ」と。

素敵なお金の教育ですね。これは、この子の性格を熟知していたお母さんだからできたこと。親ができることは、すごく影響力があって、ダイレクトに子どもの心に響きます。

お金の失敗をさせよう

たいていの親御さんは、子どもが危険な目に遭わないように、あらかじめ危ないものを取り払おうとします。その気持ちはよくわかりますが、子どもの頃にお金の失敗をするのは学びのチャンスです。

＊おこづかいをどこかに出しっぱなしにしていたら、なくなっていた。

＊お金を落としてなくしてしまった。
＊使いすぎて、まだ月初めなのに、もうおこづかいがない。

こんな痛い目に遭ったとしても、これも学びです。子どものうちなら額も少ないから失敗してもたかが知れています。ふりかかる災難を排除したい親御さんも多いでしょうが、あえて石ころを置いておいて、転ばせる経験も大事です。

お金は持っているだけでは何の価値もありません。使って、何かと交換して、循環させることに意味があります。

実は、本当のお金持ちは、「お金を回せる人」だともいわれています。

お金は使ったら減ります。でも、不思議な感じがしますが、お金を使う人のところにはお金が巡ってくるのです。なぜだと思いますか。

おそらく、人のためにお金を使うからこそ、その人たちが返してくれるのだと思います。困っている人のために寄付をしたり、人を紹介したり、アドバイスをして支援したりすれば、助けてもらえた人は救われます。

そうすると、その人にしたことが巡り巡って自分に返ってきます。こうして、誰かのためにしたいいことや、そのために使ったお金は、社会を循環しているのです（悪いことをした場合も同じなので要注意！）。

お金の教育は「あれ買って！」のひとことが出たらはじめてOK

「お金でものを買う」ということを知ったら、お金の教育を始めていいでしょう。「買う」ということを知らない小さな子は、お店のお菓子を手に取り、勝手に食べてしまうこともあります。でも、大人が買い物をするのを見ているうちに、「お店にあるものは『お金』というものを渡さないともらえないようだ」ということがわかってきます。

子どもに「お金ちょうだい」といきなりいわれてショックを受ける親御さんも多いですが、こういわれたら素直に喜びましょう。そして、このひとことをきっかけに、おこづかいをスタートさせましょう。おおげさにかまえることはありません。「待ってました！」という感じで、またとないビッグチャンスに乗りましょう。

お金の教育には、誰もが不安を抱えています。

なぜなら、よその家のことは、なかなか見えなくて比較ができないからです。本当は、よそと比較することはないし、我が家は我が家でいいのですが。

でも、悩んでいるのは自分だけではありません。それだけは覚えておきましょう。

親は子どもに「言葉の投資」を惜しみなく

お金の教育のゴールは、子どもの幸せです。

すなわち、子どもがこれから生きる未来の社会を見据えて、親が何をできるかを考え、いろんな選択肢を見せることが大事です。

高校の家庭科で資産形成の金融教育が始まりましたが、その前段階として、お金は自分と人を幸せにする力があるすばらしいものだと、お金を明るいイメージで捉《とら》える姿勢を見せるのは、親（大人）の役割です。

祖父母や親世代とは、今は常識や当たり前が様変わりしています。

いい大学を出て、いい会社に入り、終身雇用で勤め上げるという人は、もうほとんど過去の話になりました。少子高齢化が進み、労働人口の減少で働き方も変わりつつあります。人工知能の発展も目覚ましく、産業構造もこれからどんどん変わります。

近い将来、もっと多くの外国人が日本に来て、学んだり働いたりするでしょう。

そういう社会で、自分の幸せを見つけるにはどうしたらいいか？　親は子どもにできるかぎりたくさんの選択肢を見せて、いろんな経験をさせることが大切です。

「どうして、こんな仕事をしたいの？」

「なんで、この本が面白いの？」

「ここに行きたいのは、なぜ？」

「このお金、何に使ったら、自分のためになるかな？」

親がどんな言葉をかけ、子どもの世界を広げてあげられるか。

こうした姿勢と言葉を惜しみなく与えた先に、子どもの考える力や生きる力が育まれるのだと思います。

お金の教育は、子どもの成長の一端を担うにすぎません。

でも、生きている限りお金は必要で、これだけ生活のいろんなところに根ざしているものはないでしょう。親子で対話をするのにお金ほどすばらしいテーマはありません。

ぜひ親子で、みんなが幸せになるお金の使い方を話し合い、習慣にしてください。

日本のお金の教育はまだ始まったばかりです。それをリードするのは、子どもの周りにいる大人1人ひとりです。

★参照ウェブサイト／おカネの健康を考えるウェブマガジン「わらしべ瓦版」
http://www.am-one.co.jp/warashibe/article/fuyasu-20220401-1.html

第1章

おこづかい、いつからあげる？ いくら？

お金の質問 1

おこづかいは何歳からあげればいいのでしょうか？

答えてくれたのは

鶴岡泰希先生（つる先生）
キッズ・マネー・スクール
認定講師

ご家庭により価値観はさまざまですが、①お金に興味を持ったとき ②お金でモノを買えることがわかったとき ③自分にほしいものができたときから、おこづかいをあげていいと思います。

この年齢の子どもにおこづかいを持たせる（お金を使わせる）ことのメリットは次の通りです。

❶「ものを買う（得る）ときは、ただではない」ということを教えること。

❷「お金は使えば減ってしまうこと」ということを教えること。

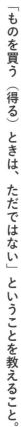

❸「お金は増やさないと、また使うことができないこと」ということを教えること。

「おこづかいは、足し算、引き算ができるようになってから」という親御さんもいらっしゃいますね。でも、細かなお金の計算は、もっと大きくなってから自然とできるようになりますから、そこはあまり気にしなくていいでしょう。それ以上に、**「自分のお金で何かを買う」という経験にこそ意味**があります。

たとえば、お子さんが500円（100円玉5枚）のおこづかいを持って、お母さんと買い物に行くとします。「お金は使ったら減るもの」というのを体験させるのなら、「5枚ある100円玉のうち『1枚』を使えばお菓子が買えるよ。でも、そうすると、100円玉が5枚から4枚になっちゃうけど、それでも買う？」

とお子さんに尋ねてみてください。

子どもたちにとってのおこづかいは、**「自分のお金で何かを買う経験」「物とお金を交換する経験」**をするためのものです。

一昔前は、給料が現金で手渡しされていた時代もありました。今は銀行振り込みが主流ですが、記帳された数字を見ても、働いたことの対価としての「お金」は実感しにくいものです。習い事の月謝も自動引き落としが主流ですから、お金がかかっていることすらわかっていない子どもたちも多いことでしょう。

そうした現実を踏まえると、おこづかいは子どもによっても異なりますが、小学校入学前でも大丈夫でしょう。お菓子を食べたら減ってしまうように、「お金も使えば減る」ということが、感覚として、まずわかるだけでいいのです。その経験のためにも、おこづかいはとても有効です。

POINT

お金に興味をもったら、お金の価値を勉強していきましょう

お金の質問 2

地域によっておこづかいの金額差はありますか？

答えてくれたのは

増川浩範先生
キッズスマイルアカデミー
大阪中央校

地域差はあります！　参考までにフコク生命が発表した次ページのデータをご覧になってみてください。

おこづかいの渡し方はご家庭によりさまざまです。そもそもおこづかいを渡さない場合もあります（必要なときに買い与えるかたち）。

おこづかいを渡している家も、週単位や月単位など一定の期間に一定の金額を渡す「定額制」や、お手伝いなどの、働きに応じておこづかいの金額が決まる「報酬制」など、やり方はいろいろです。

そんなとき、次ページのようなデータがあると、地域差や金額差が俯瞰できてなかなか

都道府県ごとのおこづかいランキング（抜粋）

第1位	青森県	2,662円
第2位	東京都	2,545円
第3位	徳島県	2,000円
第4位	埼玉県	1,925円
第5位	山口県	1,865円
⋮		
第43位	北海道	925円
第44位	宮崎県	864円
第44位	岩手県	864円
第46位	香川県	773円
第47位	佐賀県	725円

47都道府県・小学生の平均お小遣い額ランキング　https://47life.fukoku-life.co.jp/feature/1579/

面白いですね。

これを見ると、都道府県ごとにずいぶんと差があることがわかります。おこづかいを渡す派の平均値は金額が高いほうから、１位は青森県（２６６２円）、47位は佐賀県（７２５円）です。

先に触れたように、「おこづかい」の渡し方も家庭により違いますし、お年玉やお祝いでもらったお金などを含めるかどうかでも金額が変わりますから、このデータはあくまで１つの目安としてご覧になってください。

青森県が高いのは、地域性の影響も考えられます。お子さんの近くに祖父母や親戚などが多く住んでいて、両親以外の家族からもおこづかいをもらえるような環境があるのかも

子どものくらしとお金に関する調査（第3回）2015年度調査（金融広報中央委員会）
https://www.shiruporuto.jp/public/document/container/kodomo_chosa/2015/

しれません。

「我が家のおこづかいは、どうしようか？」と迷ったら、こうしたデータも参考に、**「ウチならどうする？」を子どもとぜひ、話し合ってみてください。**

周囲の子どもたちはどれくらいもらっているかを調べるなら、今住んでいる都道府県の平均額を目安にしましょう。そこで大切なのは、金額ではなく、「毎月、そのお金を、何に、いくら使うのか？」、内訳を子どもと確認することです。

子どもと一緒に統計を見ながら、「どこの都道府県の平均額がいい？」と尋ねてみるのもいいですね。お互いの意見を擦り合わせて、金額の着地点を探るというのは、時間がかかるかもしれませんが、おこづかい額の決め方の1つです。

おこづかいを通して、家庭で何を教えたいのかを考えることが大事ですから、データに縛られすぎず、おこづかいを考えるきっかけづくりとして、データを利用しましょう。

POINT

地域差はあります！ その理由を推理してみるのも◎

お金の質問

3

2歳の息子に「お金ちょうだい」といわれました。うちの子、大丈夫？

2歳くらいの子は、お金のことがあまりよくわかっていません。おうちの人がお店で何か買うときに、お店の人に渡すもの、これくらいのイメージしかないと思うのです。

これを聞かされた親御さんは、「お金ちょうだい」という言葉に、「なにごと⁉」と感じられたのではないでしょうか。でも2歳くらいの子は、親が持つものはなんでもほしがったり、大人のマネをして同じようなことをしてみたいだけかもしれません。その1つの手段として、親が持っているもの（お金）を自分も持ってみたいと思ったのかもしれませんね。

「うちの子大丈夫？」と親御さんは心配なようですが、まったく問題ないでしょう。

「何かをもらう（買う）ときは、大人は何か（お金）を渡しているようだ」ということに

答えてくれたのは

星和成先生

キッズスマイルアカデミー
札幌校

気づいたのだとしたら、**周囲のことが少しずつわかってきたということだから、成長ともいえます**。

2歳の子であっても、「ちょうだい」「ほしい」「やりたい」といい出したら、「なんで？」「どうしてそうしたいの？」という言葉をどんどん投げ返すことが、お金のコミュニケーションにおいてとても大事ですし、欲しいものがあるということは、おこづかいを始めるチャンスでもあります。

我が家の長女が3歳くらいの頃の話ですが、ガチャガチャをやりたがったことがありました。すでにおこづかいをあげていたので、500円のお金は持っていました。

持っている500円で100円のガチャガチャなら5回できるのですが、長女が選んだのは『ちいかわ』の300円のガチャガチャでした。

1回やったところ、欲しかったアイテムがでてきませんでした。「もう1回やりたい！」といい出しましたが、残りのお金は200円です。

「ガチャガチャを1回したから、100円玉が3個消えたよね？ もしもう1回するなら、100円玉が2枚しかないから、『ちいかわ』のガチャガチャはできないよ」と伝えました。

長女はちょっと考えていたので、私はこう提案しました。

「『ちいかわ』のガチャガチャはできないけれど、隣りの『盆栽』のガチャガチャなら、残りの100円玉2枚（200円）を出せばできるよ。どうする？　やる？」と。

長女の答えは「やらない」でした。

長女がやりたかったのは『ちいかわ』のガチャガチャで、『盆栽』のガチャガチャではありません。

もしおこづかいではなく、その場でお金を渡していたら、自分で考える機会を奪っていたかもしれません。限りある中で、どうやりくりするかを学ぶきっかけになりました。

POINT

「お金ちょうだい」は周りのルールが見えてきた成長の証

お金の質問

4

おこづかいはいくら？ 報酬制？ 定額制？ 年齢別の目安はありますか？

答えてくれたのは

室賀真奈美先生
キッズ・マネー・スクール
認定講師

家庭状況は千差万別なので、各ご家庭で話し合って決めるのが一番でしょう。正解はありませんから、親御さんは子どもと話し合い、希望を聞き、ご自身のお財布とも相談して、オリジナルのおこづかい基準を決めてください。

一度決めた基準を、ずっと死守する必要もありません。むしろ、今は時代の流れがとてもスピーディですし、子どもを取り巻く環境も進級・進学すると、あっというまに変わります。子どもの成長と家庭環境の変化に合わせて、おこづかいの渡し方も、アップデートするようにしましょう。**アップデートというのは、親が昔の価値観に縛られないということでもあります**。たとえば、私が子どもの頃は、携帯もスマホもありませんでしたが、今は小学校高学年くらいから持っている子もいます。持つ・持たないも家庭によりいろいろですが、こうした新しいテクノロジーが日常生活の必須アイテムとなれば、それに付随したお金も必要になります。親の世代が子どもの頃にはなかった出費ですが、柔軟に考えないといけないですね。

よくある「報酬制か？　定額制か？」のおこづかいの悩みですが、それぞれの特徴を踏まえて考えてみました。

まず、報酬制のおこづかいは、働かないともらえません。お手伝いなどをしてもらえるものです。支払いがいい加減になったりすると、報酬制は続けるのが難しくなります。お金がほしくて子どもがお手伝いを頑張ってくれるのはいいものの、逆に家計を圧迫することもありますから、「何にいくら、いつまでに支払うか」は、親子といえどもきちんと取り決めておくのがいいでしょう。

定額制のおこづかいは、決まった期間に、決まった額がもらえます。サラリーマンの固定給のようなものですね。

報酬制は、一生懸命働けば働くほど、稼げます。それは素晴らしいことですが、「マンパワー（かけた労力と時間）」頼みの稼ぎ方になりがちです。

一方で定額制は、決まった額しかもらえませんが、「もっとお金がほしい」と思ったら、「限られた元手をどう使い、どう増やすか」という投資の発想を養いやすいともいえます。余談になりますが、100万円を銀行に10年間定額貯金しても、2023年7月現在、大手銀行の金利は0・002％ですから利息はわずか200円です（＊）。**こんな低金利の時代に生きているのだということも、ご家庭で話題にしてほしい**と思います。そうしたら、子どもたちが自発的に「じゃあ、限られたお金を増やすには、どうしたらいいのかな？」と考えるきっかけができるかもしれません。

日本の教育は基本的に、「いつか会社員になるための教育」だなと感じることがよくあります。お金についても同様で、自由な発想で、「自分なら、どう増やすか？」を考えるよりも、「安定的に稼ぐために、どうするか？」を、みんなが一律に考えている印象を受けます。結果的に日本の子どもたちは（……というよりも親御さんたちは）、総じて定額制の安定志向を人生の盤石の布陣だと考えているのではないでしょうか。だとしたら、シビアな金利の現実を知った上で、「定額制」のおこづかいを通して、お金をどう増やせるか考えることも必要だと思います。もちろん、「働いた分だけ稼げる」という報酬制の働き方も、成果が見えやすいという点では、子どものやる気やモチベーションアップにはい

＊ここでは税金は考慮していません

い方法です。

私は4つの仕事を掛け持ちしながら3人の子どもを育てています。たとえ1つの仕事がうまくいかなくても、あまり落ち込むことはありません。他の3つでカバーして結果オーライになればそれでいいのです。いくつもの仕事や報酬のかたちを同時に走らせておくことは、とても心強いことです。今後は、こうした働き方がもっと当たり前になるはずです。

報酬制か？　定額制か？　どちらにも良し悪しがあります。**両方を織り交ぜてもいいですし、試行錯誤でやってみるのがいい**と思います。おこづかいの渡し方を通して、稼ぎ方にもいろんな方法があることを、教えていくのがいいのではないでしょうか。

POINT

おこづかいのあげ方は、将来の働き方も見据えて考える

お金の質問 5

ごほうび制でおこづかいをあげると、お金だけで動く子になるんじゃないかと心配です

答えてくれたのは

三島みづほ先生
キッズ・マネー・スクール認定講師

我が家には3人の子どもがいますが、全員にごほうび制（報酬制）でおこづかいを渡してきました。

特に末っ子はまだ小学6年生ですから、**「おこづかいは、お手伝いをしてくれてママがとても嬉しいから渡しているんだよ」**と、毎回伝えるようにしています。そうすると、お金をもらうだけじゃなく「感謝されること」や「喜んでもらえること」にやりがいを感じて、よりいっそう「また、頑張ろう！」という気持ちになるようです。

ごほうび制のおこづかいの渡し方には、こんなメリットがあるのです。**大事なのは、「嬉**

しいことの対価として、お金がもらえるんだ」と、子どもが経験を通して学ぶことではないでしょうか。

我が家のお風呂そうじは、おこづかいがほしい末っ子が率先してやるようになりました。自分が最後に入浴したら、ピカピカに磨いてくれます。1回100円のお風呂そうじを30日続ければ、3000円。末っ子はお金がほしくてやっていますが、仕事は人に喜びを与えることですから、私の嬉しい気持ちが伝わるように少しオーバーすぎるくらいに「ありがとう！」「嬉しい！」を伝えています。

小学6年生にとって、3000円はわりと大金ですね。**その3000円の使い道については、末っ子が稼いで受け取ったお金ですから、口出しはしない**ようにしています。どんなふうに使っているかというと、ゲームセンターのUFOキャッチャーが多いようです。親からしてみると、「えー、そんなことに⁉」といいたくなりますが、スリルやワクワク感を楽しんでいるようなので、末っ子の気持ちを尊重しています（ただし、「ゲームセンターで使う上限は2000円まで」とルールは決めています）。

1か月、毎日お風呂そうじをしなければ3000円は稼げません。でも、ゲームセンターで遊んだら、２０００円なんて一瞬でなくなってしまいます。１か月分の労働に対して、その遊び方が見合っているのかどうか。その大変さを、末っ子はまだよくわかっていないようです。いずれわかるときがくるんじゃないかなと今は見守っています。飲食店のアルバイトで月３万円を稼いでいる長男は、「お風呂そうじ１回で１００円ももらえるなんて、なんてラクなんだ！」といっていますけれど。

長男のエピソードですが、高額なパソコンをほしがったときに「高校３年間で返済すればいい？」と尋ねられて驚きました。パソコンは、勉強でもプライベートでも必需品だろうから親が買うつもりでした。でも、本人がそう提案してきたので「毎月、いくらなら返せるの？」と尋ねたら、「５０００円くらいなら大丈夫」と。今、月３万円のバイト代から５０００円を私に返済しています。私はそのお金を2年間で12万円の定期積み立てにしました。長男はお金に関してとても自立心が強いと感じています。末っ子はそんな兄を追いかけているような感じです。

一方、短大生の長女は、お金に関しては無頓着です。アルバイトをすることはなかったのですが、「ママに頼めば買ってもらえる」と思っているようです。

きょうだい3人とも、お金との向き合い方がぜんぜん違うのはとても興味深いなと感じます。

おこづかいの渡し方もいろいろありますが、ごほうび制で働くことは、悪いことじゃないと私は思います。大人だって、仕事の対価として、給料やギャランティーを求めます。それと同じです。ただお金を渡すだけじゃなく、繰り返しになりますが、「感謝」「喜び」「嬉しさ」をどれだけお金とともに手渡せるか。それこそが、子どものお手伝いの対価の外せないポイントではないでしょうか。

POINT

お金を渡すときはオーバー気味に「ありがとう！」と伝える

お金の質問
6
「お手伝いするからお金ちょうだい」といわれて、ちょっと複雑です……

答えてくれたのは

田村敦子先生
キッズ・マネー・スクール
認定講師

そもそも「お手伝いとは何か？」というところから考えていきましょう。

「子どもがお手伝いをしたら、○円あげる」という報酬型のお金の渡し方をされているご家庭も多いと思います。それ自体は決して悪いことではありません。子どもの年齢が上がるにつれて、ほしいものも増えてきたり、高価になってきたりします。

そういうときに、報酬型のおこづかいの渡し方は、子どもが目的を持ってお金を貯めるための方法としてとても有効です。

ただ、「お手伝いするからお金ちょうだい」と子どもにいわれたことに「複雑な思い」を抱いてしまった親御さんの不安の本質は、「なぜ、子どもがそんなことを急にいい出したのか？」だと思うのです。

お手伝いは、皿洗い、風呂そうじ、おつかい、洗濯物を干したりたたんだりする……など、家事全般のあらゆることを指します。これらはすべて、**家族が家族のためにすること。みんなが心地よく暮らすために必要な労働**です。ですから特別なことではなく、日常の一部で、みんなで暮らすために当たり前のように協力し合うことなのですね。なので、おうちの人がお金をもらってやっているわけではありません。

そのお手伝いの本質に立ち返って、おこづかいを捉えてみてはどうでしょうか。

子どもがまだ未就学児から小学校低学年くらいのうちは、「お金」＝「感謝のしるし（気持ち）」であることを、暮らしを通して感じさせていくことも大事です。さきほどもお伝えした通り、家事全般は「暮らしに欠かせない労働」です。

プロのおそうじやさん、ハウスキーパーになれば話は変わりますが、お母さんが夕ごはんを作ったり、お父さんがトイレそうじをしても、誰からもお金はもらえません。

でも、おいしいごはんが食べられたら嬉しいし、トイレがきれいになっていたら、家族はみんな気持ちがいいですよね。

たとえお金がもらえなくても、家族から「ありがとう」といわれたら、満足できます。家庭の中で、「ありがとう」がたくさん交わされたら、「お手伝い＝お金をもらうためにやること」という発想は生まれにくくなるはずです。感謝したりされたり、みんなが笑顔になれることは素敵なことだなと感じられる経験値が、上がっていきます。そうしたら、「お金をもらえないなら、やらない」とはならないですよね。

「お金がほしいからお手伝いする」を当たり前にしてしまうと、お手伝いの本質が子どもに伝わらなくなってしまいます。

「お手伝いしてくれたらすごく助かるし、嬉しいよ。ありがとう」という言葉こそ、子どもに伝えてください。

「言葉のお返し」こそが、子どもを成長させる何よりの報酬（おこづかい）です。

POINT

家庭の中で「ありがとう」のラリーを続けましょう

お金の質問
7

おこづかい帳をつけさせるべき？ うちの子ができるとは思えない……

どんな勉強にもいえますが、何事も「楽しく学ぶこと」がとても大事です。子どもが面倒くさがってやらなかったり、大人が「やりなさい！」と叱りながらやらせているのなら、つけさせなくてもいいでしょう。なぜなら**「～せねばならない」「～するべき」「～しなければ」という気持ちでやっても、子どもにとっては、楽しくありません。**イヤイヤやることで、お金に対してネガティブなイメージを持たせてしまうほうが問題です。

おこづかい帳をつけるのが苦痛だから、お金を使うのが楽しくない！　となっては本末転倒です。それでも、もしおこづかい帳をつけさせたければ、まずは親が「家計簿」をつける姿を見せてはどうでしょうか。レシートを見せて、「今日はこれくらい使ったよ」「今

答えてくれたのは

春原圭吾先生
長野キッズ・マネー・スクール　わんぱく校

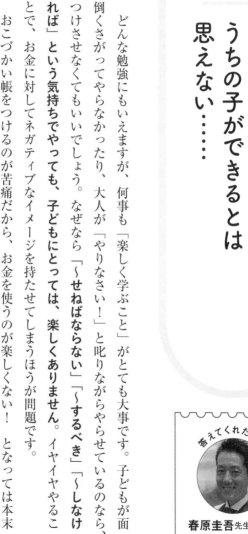

月使えるお金は、だいたいこれくらいだよ」「こうして、食費や生活費を確認しているんだよ」と。家計管理もゲーム感覚にして子どもにも参戦させましょう。たとえば、子どもに1か月の生活費を伝えて、「今月はこれをちょうど使い切ろう」「今月は少し余らせてみよう」と、使い方の目標を決めてみるのもいいでしょう。ちょうど使い切るのも余らせるのも、どちらもなかなか難しいですよ。あるいは、月初めに1か月の生活費を決めて、使った金額を差し引き、残りの生活費を残りの日数で日割り計算します。「今月は1日平均でいくら使えるか」の目安が出せますから。そういう目安があると買い物のときに、いくらなら使って大丈夫かが具体的になります。

お金を管理する感覚を子どもに身につけさせるのが目的なら、おこづかい帳以外にもたくさんの方法がありますから、子どもの性格や成長のタイミングをみて、試行錯誤しながらいい方法を探してみてください。

POINT

おこづかい帳を「するべき」「しなければ」は、かえって逆効果

お金の質問

8

おじいちゃん、おばあちゃんが内緒でおこづかいをあげちゃいます

答えてくれたのは

草野麻里先生

キッズ・マネー・スクール

プラチナ認定講師

実は、この悩みはとても多く寄せられます。

おこづかいはお金のありがたみを知ってもらうためにも、1か月100円、お手伝いをしたら1回10円など、少額からスタートするケースが多いと思います。でも、祖父母が会うたびに、5000円、1万円の高額な紙幣を「ポン」と渡されてしまうと、親として示しがつかないですよね。「お父さん、お母さんには内緒だよ」といって渡すケースもあるので、そうすると子どもも親に黙ったまま。そしてあるとき「あれ、なんでこんな大金持ってるの!?」と発覚してしまう……こんな感じです。

頭ごなしに子どもを叱ると、次にもらったときに隠そうとしますから、「内緒はダメだよ」

「おこづかいをもらったら、教えてね」と伝えましょう。

肝心の祖父母には、

「家でもおこづかいを渡しながら、お金の教育をしています。1円、100円の重みをわかってほしいので。もしなにかくれるなら、お金じゃないプレゼントにしてもらえるとありがたいです」

と伝えてみてはどうでしょうか？ 祖父母も「孫を喜ばせたい」「なにか役に立ちたい」と思ってのことなので、頭ごなしに「お金は渡さないでください」というのは角が立ちますね。孫への想いはくみとってあげましょう。

お金じゃないプレゼントで思い出にもなりおすすめなのは、**一緒に旅行をする、おでかけする、ごはんを食べに行く**などです。あるいは、「1年に1回、お誕生日のときだけは本人がほしがるものを買ってあげてください」と頼んでおくのもいいと思います。

祖父母からもらったおこづかいの管理についてですが、小学校低学年の子どもには紙幣は大金です。そこで、我が家では息子が小学1年生のときに、本人名義の口座を作りました（キャッシュカードと印鑑は親が管理）。紙幣をもらったときはこの口座に通帳で入金することにしました。

息子はもう中学生なので、自分名義の２つ目の口座を作り、おこづかいはこの口座に私が毎月振り込んでいます。友だちとでかけて急にお金が必要になったらキャッシュカードで引き出したりもしているようです。２つ目の口座は息子に管理を任せているので、残高などもいっさい把握していません。でかけたときにコンビニで引き出すこともあるようなので、手数料がいかに高いか、実感としてわかるでしょう。そういう経験もお金の教育の１つですから、決して無駄ではないと思っています。

POINT

祖父、祖母からは「お金」ではなく「コト（思い出）」をもらう

お金の質問 9

「おばあちゃんからお金なんてもらってないよ」……うちの子、どうやらウソをついている!?

答えてくれたのは

三浦康司先生
一般社団法人日本こどもの生き抜く力育成協会
代表理事

子どもはなんでウソをついたのか……正直にいいたくない理由がなにかあったのではないでしょうか。

私の想像ですが、おそらく親御さんに「お金なんてもらっちゃダメだよ」とこの子は常日頃からいわれているのでしょう。

「正直にいえば怒られる」……そんな気持ちが子どもにウソをいわせるのですね。

孫にお金をあげるかどうかについては、**祖父母と孫の問題というより、祖父母と親が話すべきこと**です。

子どもがお金にネガティブな気持ちやイメージを抱いてしまうような関わり方は、できるだけしないほうがいいでしょう。

もし、子どもが親には内緒で祖父母からおこづかいをもらっていて、それがあとからわかったとしても、「**よかったね！　せっかくもらったこのお金、何に使う？　貯金する？　おでかけする？**」と、お金の行き先をいろいろ見せてあげるほうがはるかにいいです。

親が教育的な面で気をつけるとしたら「**ちゃんと『ありがとう』といえた？**」**と確認するくらい**でしょう。

大人から渡されるお金がどこからやってくるのか、お金が限りあるものだということも話してください。たとえば、親からもらったおこづかいは、お父さん、お母さんが現在働いて得ているお金からきています。**祖父母からのおこづかいは、長年一生懸命働いてきたことで得られる年金や貯蓄からきています**。どちらもとても大切なものですから、祖父母や両親が喜んでくれる使い方がいいでしょうし、それ以上に、自分自身が嬉しかったり、幸せになったりする使い方ができたらいいですね。

たとえ祖父母がこっそり渡したものだとしても、**一度子どものものになった以上は、子どものお金**です。もらったこと自体を責めたり、使い道について親があれこれ指図すべきではありません。

冒頭の悩みの核心は、お金をもらったことではなくて、子どもにウソをつかれたことです。親は子どものことをもっと信じましょう。頭ごなしに「ダメ」というのはできるだけ減らして、子どもの話をよく聞き、受け止めてください。

おこづかい以前のことですが、子どもが正直に「おばあちゃんから、お金もらっちゃった！」と話ができるような親子関係、家庭環境を作ることこそが、大事ではないでしょうか。

POINT

ウソが発覚しても「お金もらえてよかったね！ 何に使う？」と声をかけてみましょう

お金の質問

10

うちの子は節約大好きっ子。それも大事だけれど、お金を使うことも覚えてほしい

節約大好きな我が子のことを、「すてきだね！」と、まずはほめましょう。

その上で、お金を使うこと（お金のやりとりをすること）は、社会との接点であることを伝えていきます。お金を使って何かを買えば、その商品を売るお店や作っている会社とのつながりが生まれます。また、お金（お給料）を手に入れるために、家の大人たちも会社に行ったりして働いています。周囲の人やモノとの関わりなくして、お金を得ることはできないのです。

節約好きな子には、どうしてもほしいものがあるとか、何か理由があるのかもしれませんので、まずは質問してみましょう。

答えてくれたのは

新藤正裕先生
キッズ・マネー・スクール
認定講師

一方で、節約することそのものに喜びを見出している可能性もあります。どちらも悪いことではありませんが、生きていく以上、社会との接点を持たないわけにはいきません。だからこそ、お金を使うことにも少しずつ慣れさせていったほうがいいでしょう。**お金を使った「失敗体験」も、幼いうちに経験しておくといい**ですね。小さな失敗があるからこそ、お金をどう使ったら嬉しくて、どう使ったら残念な気持ちになるのか、自分の中に尺度を持つことができるからです。

お金の使い方には、3種類あります。

❶ **浪費（「価格」のほうが「価値」よりも大きい）**
❷ **消費（「価格」と「価値」が等しい）**
❸ **投資（「価値」のほうが「価格」よりも大きい）**

子どもにお金の使い方を教えるときは、なるべく「投資」に向かうように後押しするのがおすすめです。

ここでいう投資とは、お金を使って「よかった」「嬉しかった」「おいしかった」「楽しかった」「誰かが喜んでくれた」などの満足感を得られるお金の使い方のことです。

投資は、自分の中に、知識、知恵、人脈、体験、満足感、喜びなど、将来自分の人生を豊かにしてくれる可能性が高いさまざまなものを蓄えることができます。こうして得たものは単純に金額に換算できませんが、時間が経ってから、じわじわと価値が上がります。

これこそが、お金を使う本当の意味だと思うのです。それをぜひ、子どもに伝えてください。

節約に喜びを見出している子には、

「ねえ、誰かにプレゼントしてみない？」

と、お金を使うきっかけを作ってあげてはどうでしょうか？　もし、自分のおこづかいで買ったプレゼントで誰かが喜んでくれたら、お金を使って得られたすばらしい成功体験となります。そして、「投資」の本当の意味合いを学ぶ大切な一歩にもなるはずです。

POINT

「誰かにプレゼントしてみない？」から社会への接点がはじまる

お金の質問 11

毎月おこづかいを使いきるうちの子。貯金の概念も教えたほうがいいですか？

答えてくれたのは

岡田隆利先生
キッズ・マネー・スクール
認定講師

子どもがおこづかいを使いきってしまうのは、なぜでしょうか？

もしかしたら、おこづかいが無限にあるもの、頼めばいつでもいくらでももらえるものだと思っているのかもしれません。子どもがほしがるままに渡していたら、そう勘違いしてしまうかもしれませんね（親御さんだけでなく、祖父母が孫かわいさのあまり、渡しているケースもあります）。

自分のためにお金を使うのは、とてもいいことだと思うのです。**お金は持っているだけじゃ意味がありません。どう使うかが大事です**。大人でも、貯めるばかりでお金が上手に使えない人がたくさんいます。

もし子どもが、計画的にそして有効的におこづかいを使いきっているのなら、ほめてあげましょう。子どものお金の使い方は尊重すべきです。ただ、ほったらかしではなく「何に使っているの?」と使い道を聞いてみてはどうでしょうか。そのお金が、子どもにとって、ほしいもの(want)なのか、必要なもの(need)なのか、わけさせてみるのも1つの手です。

一方で、お金の大切さ、価値、なんのために使うのかなど、〈貯金するといいこと〉と合わせて、お子さんと話してみてはどうでしょうか。

〈貯金するといいこと〉

＊もっと高価でいいものを買うこともできる。

＊今ほしいものはなくても、将来ほしいものができたときに買うことができる。

＊友だちとでかけるなど、何か特別な予定のときに楽しむための助けになる。

おこづかいを使いきってしまうことを続けていたら、いつか「しまった!」と思うときが必ずあります。〈いざというときにお金がない失敗〉をすれば、貯金の大切さを実感できます。そういう失敗体験はとても大事ですね。

計画的にお金を使うには、自分の欲求をコントロールすることも必要ですから、小さなお子さんには難しいかもしれません。でも、できる範囲で一緒に考えてあげましょう。家計もそうですが、限られたお金の中で生活のやりくりを考えなくてはいけません。手持ちのおこづかい「300円」とほしいお菓子「200円」を見比べて、「本当にほしいか？」を問いかけてみたら、「今日は、やめておこう」「家に他にもお菓子があるからそれでいいや」となるかもしれません。

失敗も含めて、子ども自身が考えて、判断して、お金を使う経験をたくさんさせてください。親は我慢も必要です。そうすれば、使う楽しさ、貯める大切さも実感できていくと思います。

POINT

やりくりは楽しく！ 貯める楽しさも教えてあげよう

お金の質問

12

「〇〇ちゃんは1000円もらっているよ！」と友だちを例に出してきたらどうしましょう？

答えてくれたのは

森川春子先生

東京キッズ・マネー・スクール　ふるふる校

「おこづかいの目的は何か？」。この質問はそれを親子で話す、いいきっかけです。おこづかいの基準はご家庭ごとに違います。「人は人、家は家」というスタンスを持ちつつも、**最初に「あれもダメ」「これはダメ」と否定しすぎないようにしましょう。**この発言からだと、お友だちのおこづかい事情のくわしいことはわかりませんね。

＊1か月1000円を定額でもらっているのか。

＊何か条件があるなかで、1000円もらうことになったのか。

＊お手伝いや勉強を頑張ったから1000円もらったのか。

子どもの発言を疑うのはよくありませんが、ちょっぴり大げさにいっている可能性もあります。よく「みんなは○○しているよ！」と、「みんな」を主語にした発言もありますが、それと似ています。

子どもが何を伝えたいのか、真意を探るためにも、「どうして、1000円がほしいの？」と、尋ねてみてください。**どんなに忙しくても、ほんの数分でいいので、子どもの話をじっくり聞くように**してください。

私が子どもにおこづかいを要求されたら、プレゼンの機会を与えます。「どうして1000円ほしいのか？　何に使うのか？」、私を納得させられたら、子どもに確固たる想いがあると受け止めて、お金を渡します。「友だちがもらっているから、私も」という安易な気持ちではなく、自分はこのお金をどう使いたいのか、考える力を養ってほしいからです。そうして勝ちとったおこづかいなら、きっと大切に使えるはずです。

POINT

お互いに納得し合えれば、それでよし！
それくらいの気持ちで、子どものおこづかいとも向き合おう

お金の質問

13

ねだられるたびに「お金がない」と伝えてたら、「貧乏なの？」と。この誤解は解くべき？

答えてくれたのは

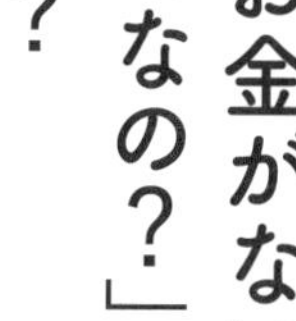

白波瀬雅史先生

キッズ・マネー・スクール認定講師

「家にはお金がないんだよ」という言葉の裏には、**本当にお金がないのではなくて、「ほしいものを買うために今は我慢しようね」という親御さんの気持ちがあったはず**ですよね。

親には謙遜の気持ちもあり、こういうふうにいってしまうのかもしれませんが、子どもへの心理的な影響が気になります。

たとえば、「家にはお金がないんだよ」と聞かされ続けたら、何か買うたびに罪悪感を持つようになってしまうかもしれません。

「今は我慢しようね」

「誕生日まで、買うのを待とうね」

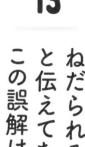

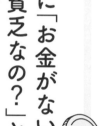

「もし買うにしても、1か月に一度だけだよ」

といったいい方に変えたほうが、前向きな言葉がけになります。要は、無駄遣いせずに、計画的にお金を使う親の心がけが、子どもに伝わればいいのです。

「その場で買わない」あるいは「今は使いたくない」、そのため「家にはお金がない」といってきたのなら、今後はいい方を少し変えてみてはどうでしょうか。

あともう1つ、大事なことがあります。

子どものこの質問は、成長の証だと思うのです。今までは親にいわれたことをそのまま受け止めてきたけれど、それに疑問を投げかけてきたということは、自分なりに親の言葉を受け止めて、考えたからこそ出てきた言葉です。すばらしいですね。

その直球の質問には、真摯に答えてあげてください。

「本当はお金がなかったわけじゃないけれど、ほしい気持ちを我慢したり、計画して使うことを考えていたから、『家にはお金がない』といっていただけなんだよ。言葉たらずだったね。ごめんね」と。

これは余談ですが、本当にお金がないときは、「ない」と答えていいのだと思いますが、あまりに「ない」といいすぎてしまうのもよくないと感じます。言霊といいますか、「お金がない」といい続けると、お金に逃げられる人、稼げない人、お金がないのが常態化した人になってしまいそうな気がするのですね。
お金はなくても、家族がいて、笑顔になれたら、寂しい人生にはならないでしょう。お金がないことがすべて、不幸ではありません。そして、お金があることがすべて、幸せではないこともまた然りです。

POINT

ネガティブな言葉がけは、これからはやめてみましょう

第2章

このままでは、電子マネーだけしか知らない大人になる!?

電子マネーの質問

1

電子マネーでおこづかいは、あり？　なし？

答えてくれたのは

土橋芳孝先生

東京キッズ・マネー・スクール　アスエッジ校

子どもが「電子マネーでおこづかいをちょうだい」と、もしも尋ねてきたとしたら？

私だったら「アリ！」です。きっと「わかった。いいよ」と答えると思います。

電子マネーの善し悪し以前の子育ての話になりますが、できる限り、**子どもの成長に親が蓋をしないようにするのが理想**だと思っています。

そのために、次の〈これだけはやってはいけないルール〉というのを決めて、子どもに守らせています。

〈これだけはやってはいけないルール〉

❶ 自分自身の命・体を大事にする。

❷ 人を傷つけない。
❸ 人の権利を侵害しない。

自分の命や、人の体、人権を脅かす行為は犯罪です。大人になれば刑法に触れて処罰の対象にもなります。こうしたことだけは決して許されませんから、子どもに厳しく教えます。

でも、この3つ以外のことなら、基本的にアリだと考えています。特に、子どもが自分から「やりたい」と思ったことなら、なおさらです。その延長線上で考えると、「電子マネーでおこづかいを与えること」も、アリだと思っています。その子が電子マネーに触れて、ときに失敗しながらも、使いこなせるようになることで学びが広がるのなら、それでいいのではないでしょうか。もちろん家計を考えて、現金で渡すおこづかいと同じように金額の上限は考えないといけません。

我が家では小学1年生（6歳）の娘にスマホを持たせています。自ら「使いたい」といい出したので、持たせました。スマホを持たせる年齢もご家庭それぞれに方針がありますが、6歳は少し早いほうかもしれません。いまのところおこづかいは現金で渡していますが、将来「電子マネーでちょうだい」といわれたら、きっとそうすると思います。

子どもの学びを止めることはしたくありませんから、電子マネーでおこづかいを渡すことも、子どもが望むのなら私は賛成です。

「電子マネーでおこづかいがほしい」といわれ、とまどった親御さんは、おそらく「知らないうちに使い過ぎてしまうんじゃないか」「目に見えないから残高がわからなくなるんじゃないか」「計算しなくなるんじゃないか」と感じていらっしゃるのではないでしょうか。その点は現金で渡すおこづかい同様、渡す金額や使い方について、事前に子どもときちんと話し合うことが必要です。

それは、現金も電子マネーも同じですね。

技術は日進月歩です。親の知識もアップデートしていかないと、子どもに答えられないことも出てくるでしょう。**お子さんが興味を持ったことなら、この機会に親御さんも子どもと一緒に学んでみよう、**そんな気持ちを持つことも大事ではないでしょうか。

POINT

子どもが興味を持ったことには、蓋をしない

電子マネーの質問 2

「しまった、お金がない!」に、「カードがあるでしょ?」と冷静な子ども。これでいいのか?

答えてくれたのは

杉下洋二先生
キッズ・マネー・スクール
認定講師

「お金（現金）がなければカード」という子どもの発想に不安を抱いた親御さん。わりと最近よく聞く話です。

そもそもカードとは、なんでしょうか? そこから考えてみましょう。

我が家の子どもたちはもう大学生ですが、やはり小学生くらいの頃、「お金がないなら、あの『魔法のカード』を使えばいいやん!」といっていました。「『魔法のカード』なんて、そんな便利なものはこの世にない!」と、当時は〈ノリ&つっこみ〉で、冗談交じりに答えていました。続けて、こんな質問をしました。

私：現金を支払う代わりにこのカードで支払うけど、現金はいつまでも払わなくていいの？
子：いや、後で払わなくちゃあかんでしょ。
私：正解！　カードは現金が手元にないときに使えてとても便利で助かるな！　でも、後でまとめて払わないといけないから、好き放題使ってもいいか？
子：……いいや。それはだめやろ。
私：そやな。だから計画的に使わな、あかんよな。

この会話を通して私が子どもたちに伝えたかったことは、「信用」の大切さです。カードは正式には「クレジットカード」といいます。**クレジットは英語で〝credit（信用）〟という意味**です。カードには「あなたのことを信用しているから、その代わりに便利さを渡しますよ」という意味があるのですね。誰もが信用に値する人かというと、そうではありません。ですから、クレジットカードは、誰でも持てるものではないのです。

こんな前置きをした上で、子どもたちには、
「だから、人から信用される人になろうね」
「お金を持つのにふさわしい、心の器を持たないといけないんだよ」

と話しました。

クレジットカードがあれば、今、現金がなくても、簡単にモノが買えてしまいます。こうした現実があることをよく覚えておきましょう。大人でもカードのこうした側面を嫌い、積極的に持たない人もいるくらいです。

もし、使った分のお金を払えなかったら、人から信用を失います。**信用されるということは、社会の中でとても重みがあること**なのですね。少し難しい話かもしれませんが、信用されるようなお金の使い方をする大切さを、子どもと話してほしいと思います。

POINT

「魔法のカード、好き放題使ってもいいと思う?」と聞いてみる

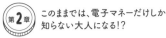

電子マネーの質問

3

電子マネーは打ち出の小槌だと思っていないだろうか……

答えてくれたのは

大西信之先生

奈良キッズ・マネー・スクール　認定講師

電子マネーは、一般的に、利用する前にチャージをおこなうプリペイド方式の電子的な決済手段をさします。

電子マネーも現金も、限りがあることを実感しないといけませんよね。

そこでたとえば、**ひと月の生活費を封筒に入れて「今月はこれだけのお金で我が家は暮らしていくんだよ！」というのを、一度見せてあげてみるのもいい方法です。**

ほかにも、お子さんと一緒に銀行に行って、ＡＴＭに入金する現場を見せたり、ＳｕｉｃａやＩＣＯＣＡの場合は、チャージする様子を見せながら「電子マネーは、入金した分しか使えないよ。手元にお金がないからピンとこないけど、使った分減ってしまうのだから、使いすぎには十分に気をつけようね」と話す方法もあります。

百聞は一見にしかず、です。見せることで、「電子マネーにも限度があること」を、子どもも少しずつ実感していけるはずです。

電子マネーが普及して、目に見えなくなった分、お金のありがたみや重みを感じにくくなりました。**子どものことも心配ですが、ひるがえって、大人はどうですか?**

実は、子どもと一緒にキッズ・マネー・スクールの講座に参加した親御さんが、「このままではいけない!」と自分たちのお金の使い方の欠点に気づくことがよくあるのです。「子どもに学ばせるつもりだったけれど、私たち夫婦のほうが反省しなければいけない」と。具体的にお話を伺うと、「電子マネーやカードを、どうしても使いすぎてしまう」というお悩みが多いのです。

今の子育て世代の親御さんは、ご自身が子どものときには、まだ電子マネーがありませんでしたから、正しい使い方も注意点も、誰にも教わっていません。そう考えると冒頭のご質問は、子どもだけでなく、親御さんご自身にも問いかけてほしいのです。

お金の限度額を実感するなら、一度「現金主義」に戻るのもおすすめです。子どもはおこづかい、親は生活費をお財布に入れ、その金額だけでひと月やりくりします。ひと月が長ければ、まずは1週間から始めてもいいでしょう。物理的にお金がなかったら、買えません。こうした〝**お金の限界体験**〟**を経験することで、便利な電子マネーを利用したときにも、自己管理できる**はずです。

〝お金の限界体験〟と聞くと、なんだかとても難しそうに感じるかもしれませんが、親子でゲーム感覚でやってみてください。「ほしいもの3つあるけど、全部は買えないね。じゃあ、今日買う2つは何にしようか？」と考えてみるのも、パズルのようで面白いですよ。繰り返していくうちに、考えて買う力が身に付き、「必要なもの」と「なんとなくほしいもの」の違いも、わかってくるはずです。

POINT

子どもも心配だけど、親自身の使い方もふりかえってみよう

電子マネーの種類

前払い（プリペイド）	❶ 交通系電子マネー（Suica等） ❷ 流通系電子マネー（Waon等）
前払い（プリペイド） 即時払い（デビット） 後払い（ポストペイ）	❸ クレジット系電子マネー（iD、Quickpay等）
前払い／後払い（選べる）	❹ QRコード系電子マネー（PayPay等）

↓

小学生でも使える主要な電子マネー

❶ 交通系電子マネー

❷ 流通系電子マネー（楽天Edy、waonなど）

❹ QRコード系電子マネー（PayPayなど、法定代理人の同意が必要）

電子マネーの質問 4

電子マネーじゃお金が減っていく実感がわきにくいけれど、子どもはわかっているのかな?

電子マネーを利用していると、お金が減っていく実感がわきにくいものです。**小中学校の先生からも同様のご相談が寄せられることがよくあります**。

大事なことは、電子マネーであれ、現金であれ、無限ではないということです。それを子どもに実感させるには、小さい頃から現金に触れる機会をつくったり、現金で買い物する様子を子どもに見せるようにすることです。たとえば、スーパーで買い物するときに、あえて現金で支払う、現金を持たせておつかいに行かせるなど。少し前まで当たり前のことでしたが、親世代も現金を持たなくなる傾向にあり、意識して子どもに現金に触れさせる〝場作り〟が必要だと感じています。

答えてくれたのは

中阪在秀先生
キッズスマイルアカデミー
和歌山校

「現金は手が汚れる」「お財布が膨らむから嫌だ」というデメリットもありますが、お金の管理がしやすいというメリットもあります。使った分だけ減っていくというのを実感するのに、目に見える現金は、非常に有効です。特に子どもがまだ未就学児か小学校低学年のうちは、デジタルで表示された数字を見て、「多いか少ないか」を実感するのは難しいでしょう。液晶画面が「500」から「400」に減るのを見るより、5つあった100円玉が、4つになってしまったのを手のひらで重みとして感じるほうが、「お金を使った」という実感をリアルに受け止められます。

そうした経験を経て、電子マネーに触れさせるべきでしょう。

電子マネーは、使った実感が湧きにくいです。電子マネーにも限りがあることを子どもに実感させるのなら、お金をチャージする様子を、子どもに見せる、お子さんがすでにスマホを持っていてPayPayなどのQRコード決済ができるのなら、親御さんの口座からいくらチャージしたのかを、親子でその場で確認し合いましょう。そして、チャージした金額内で、週単位、月単位など期間を決めて、やりくりさせるようにしてください。**電子決済のメリットは、いくら使ったか履歴の確認がしやすい**ことです。

チャージした金額では、ほしいものが買えないこともあるかもしれません。もしも「お金が足りない」となったらどうするか？　足りない分は次のチャージができるまで我慢するか、お手伝いをしておこづかいをもらうようにするのか、親子で話し合っておくのもいいでしょう。

ルールを決めておけば、電子マネーを通して、お金の大切さを学ぶことも十分にできます。今後はキャッシュレス化がさらに進むでしょうから、電子マネーは子どもにとってもっと身近になります。電子マネーの上手な使い方を、ぜひ親子で模索してみてください。

POINT

数字が減るより、100円玉が減るところを見せてみる

電子マネーの質問 5

PayPayでおこづかいがほしいといわれました。どう答えればいいですか？

答えてくれたのは

田中俊輔先生
長野キッズ・マネー・スクール　ラフテラス校

スマートフォンが登場して10年余り。スマートフォンは今や日常生活でも、仕事でも、我々の生活に欠かせないツールになりつつありますね。また、スマホを使ったQRコードなどのキャッシュレス決済も当たり前の風景になりました。

そうした動きの中、今増えてきているのが子どものおこづかいのキャッシュレス化です。SuicaやICOCAなどの交通系電子マネーのほか、スマホをもつ子どもたちも増えていることから、おこづかいもスマホを使ったQRコード決済へと変化していくことは自然な流れのようにも感じます。

しかし、日本は、海外に比べて現金文化が根強いのも正直なところ。親自身がキャッシュレスに不慣れで、抵抗感を感じていらっしゃる方もいます。

まずはキャッシュレス決済のメリット、デメリットをしっかりと認識した上で、親子で相談しながら家庭でのルールを決めていきましょう。

キャッシュレスでおこづかいを渡すメリットは、おこづかいのために現金を用意する必要がないということ。親自身も日頃キャッシュレスな生活をしている場合、おこづかいのためだけに現金を準備する手間が省けます。

これからは、日本もますますデジタル化していくのは確実なので、**子どものうちからデジタル化に慣れ親しむことも大事なこと**です。また、PayPay含め電子マネーは購入履歴をデータで確認できるので、お金の管理がしやすいメリットもあります。

デメリットの1つとしてはキャッシュレスに対応していない店舗では支払いができないこと。特に子どもがよく買い物をするような町のお菓子屋さんや小売店などでは、現金しか使えないケースもあります。また、チャージや利用可能額の上限設定など管理体制が甘いと、子どもが不用意に高額な決済ができてしまうリスクもあります。親も使ってみて、管理方法を習得することが大切です。

経済産業省は、キャッシュレス決済比率を2025年までに4割程度にする目標をかかげています（2022年36・0%）。「お金」そのものへの概念が変わりつつあるのです。

そしてこれらの変化はこれまで以上に早いスピードで社会に浸透していくでしょう。

将来のことは誰にもわかりませんが、**現金であろうとキャッシュレスであろうと、お金の価値や概念に変わりはありません**。

いきなりキャッシュレスによるおこづかいというのは抵抗があるかもしれませんが、まずはお子さんと一緒にチャレンジしてみて、キャッシュレスについて勉強することから始めてみてはいかがでしょうか。

POINT

キャッシュレスとはいえ、お金の概念は変わらない

電子マネーの質問 6

電子マネーの管理って、どうやって教える？ 親もよくわかっていないのですが……

電子マネーを使わせる目安は、小学校の3年生以上くらいでしょうか（なかには小学1年生から電車通学を始めて、電子マネーをもつ環境の子もいるかもしれません）。最初はプリペイド式（前払い方式）のものがおすすめです。

たとえば金額をあらかじめ決めておき、Ｓｕｉｃａにチャージしておき、そこから使うたびに減っていく……という感じです。

電子マネーのいいところは、何をどこで使ったかがわかりやすいことです。券売機のほか、ｗｅｂで「何に使ったのか？」、親子で確認できます。「マネーツリー(Moneytree) https://getmoneytree.com/jp/home」というアプリは、いつ、どこで何に使ったか、使

答えてくれたのは

三木友梨紗先生

京都キッズ・マネー・スクール　ちくりん校

用履歴がとてもわかりやすくておすすめです。

電子マネーの中にも、①プリペイド式、②ポストペイ式、③デビット式の3つがあります。「マネーツリー」のようなアプリと連携させて、履歴を確認しやすいような工夫をしておくと管理の面で安心です。

現金でも電子マネーでもそうなのですが、**使った後に、親子で振り返りをする**ようにしましょう。振り返りをすることで、自分のお金の使い方を見直すことができます。

お子さんのタイプによっては、貯めるだけで、使わない子もいます。逆にどんどん使ってしまう子もいます。

タイプごとに問いかけ方が少し変わるのですが、使わないタイプの子には、「何にお金を使いたい?」「何のために貯めていきたいの?」と尋ねていくと、お金について自分で考える力が養えると思います。

すぐ使ってしまう子には、1週間くらいを目安に、残高を見て振り返りしましょう。週明けにあげた1000円が、水曜日には500円をきっているとします。本人が計画的に使っているのなら問題ないですが、「追加でお金がほしい」「足りない」といってくる可能性もあります。その場合は、「決められたおこづかいの中で頑張ってみよう!」と伝えます。

お金があったら全部使いきってしまう子や、衝動買いをしてしまう子には、振り返りを習慣づけさせたいですね。経験と失敗をたくさん繰り返すことで勉強になります。最初の振り返りは1週間くらいの短い期間を目安にするのがいいと思います。

時代の流れで、今の子どもが大人になる頃には電子マネーがもっと主流になっているはずです。最初からすべて電子マネーではなく、「現金と電子マネーの半々」で、おこづかいをあげる方法もあります。

POINT

アプリを駆使して、子ども本人に使用履歴を振り返ってもらう

電子マネーの質問

7

「ゲームに課金させて！」に、どうやって答えていいのかわからない！

答えてくれたのは

太田伸子先生

キッズ・マネー・スクール事務局　プロジェクトマネージャー

息子が中学生の頃、月３０００円のおこづかいを渡していました。ゲームに夢中だった息子は、「おこづかい３０００円から、いくらかを課金したい」といい出しました。親子で相談の末、「１０００円までならゲーム課金はＯＫ。あとは２０００円でやりくりすること」と決めました。

しばらくすると、「課金金額を増やしたい」と息子。

ゲームが面白くなると、やはり、「もっと！」となってしまうのですね。

そこで再び親子会議をして、息子にこう問いかけました。

「課金金額を増やしてもいいよ。でも、習い事の帰り道に、友だちとファストフード店でごはんを食べるお金は足りなくなるよね。我慢できる？」

息子は「うーん……」と悩み、結果、「『課金は1000円まで』のルールのままでいい」と結論を出しました。家計もそうですが、「収入の中で、どこにお金を使えば幸せか？」を考えることが大切です。息子は、**限られたおこづかいの配分を考え、自分が幸せに感じるのはどこだろう**と、考えたのですね。1000円以上の課金をしてゲームをもっとするよりも、友だちとごはんを食べる時間を選びました。仲良しの仲間とは、食べながらゲームの話で盛り上がることがあり、その時間を失いたくないと感じたのだそうです。

ゲームの課金なんて、親からしたら無駄にしか思えなくて、「絶対ダメ！」といいたくもなるでしょう。でも、**子どもと親の価値観はイコールではありません**。親の「絶対ダメ！」を押しつけても、納得しないでしょう。だとしたら、「どういうお金の配分が幸せか？」を、本人にじっくり考えさせたほうがいいと思います。大人も、サブスクで映画やドラマ、漫画を見たりします。見えないものにお金をかけるのも当たり前の時代です。

かたくなに禁止をするのではなく、子どもからの要望を、限りあるお金の配分を考えさせる学びの機会にすればいいのではないでしょうか？

後日談ですが、ひと月1000円の課金を、息子は1年間続けました。そして、あるとき「課金をして遊んでも、何かが形として残るわけじゃない」ということにふと気がついたようです。「結局、何にも手元に残らない」と。

1年間で課金に使ったお金は1万2000円。「これだけのお金があったら、他に何ができただろう?」とも考え始めたようで、**次第に、ゲーム熱も下火になっていき、無料で遊べる範囲で楽しむ程度になりました**。

高3になった息子が今夢中になっているのは、ロードバイク。ゲームの世界よりもリアルな世界での楽しみを見出せるようになり、必要な部品や装備をそろえるために、アルバイトも始めました(ロードバイクは、なにかとお金がかかる遊びなのですね!)。頭ごなしに課金を禁止していたら、「1万2000円が何に使えたのか」を自問自答することは、きっとなかったでしょう。それを考えたら、1万2000円は、とても安い授業料だったと思います。

息子はもうすぐ、初めてのバイト代(1万6000円)がもらえる予定です。

「何に使うの? バイクの部品を買うのかな?」

と尋ねたら、「お母さんとごはんに行きたい」と。

「子育てしていて、よかった。報われた」と思った瞬間でした。

子どもは思い通りになんて育ちません。それこそ、ゲームに夢中になりすぎてギガ数を増やすクリックボタンを押し続け、2か月で14万円の請求書が来たこともあったのです。そのときはめまいがしました。課金できない設定にしていなかったのは、親の詰めが甘かったせいですから、息子を叱り飛ばしたのはもちろんですが、私自身も猛省しました。

そんな紆余曲折もあっての、「お母さんとごはんに行きたい」です。

これからも思い通りになんていかないでしょう。でも、親子で対話を重ねて、たくさん失敗もして、歩んでいくしかないですよね。

POINT

今のおこづかいの範囲内で、課金の配分を決めさせる

電子マネーの質問

8

電子マネー決済できるスマホ。子どもがなくすのではないかとヒヤヒヤです

大人だって、現金や鍵を落とすことはあります。スマホもそれと同じです。**むしろ、なくしたときに探す方法があるという点で、スマホのほうが安心**ともいえます。IDがあれば電子マネーを復活させられますし、GPS機能があれば追跡もできますから、スマホのほうが従来の財布よりも見つかる可能性が格段に高いです。

子どもにスマホ（電子マネー）を持たせるときは、なくすことを想定して次のことに注意しましょう。

❶ パスワードの管理をする（親が管理するものと子が管理するものを分ける）。

❷ 親子で話し合って、いくらまで使えるか決めておく。

答えてくれたのは

百戸亮先生
キッズ・マネー・スクール
認定講師

❸プリペイドやチャージ式の使用上限額が設定できるものにする。限度額以内なら安全に使えて、かつ履歴も残るので親子で確認ができる。

❹クレジットカードと連動させない（オートチャージはＮＧ）。

❺追跡管理（ＧＰＳや履歴）を設定する。

安全策を講じておけば、現金よりも安全性や利便性が高まります。

現金の場合は使い切ってしまう怖さがありますが、物理的にお金がなくなれば、それ以上は使えませんね。でも、スマホの電子マネーは上限額を設定しておかないと使えるお金が青天井になりかねませんので、注意が必要です。たとえ子どもが勝手に課金したケースであっても、払ったお金が戻ってこない場合もあります。そのことをふまえると、子どもはまだ発展途上ですから、「❶パスワードの管理」には特に気をつけましょう。

パスワードには、子どもに教えていいものと、いけないものがあります。

子どもに教えていいパスワードは、待受け画面からロック解除をするなどの、スマホやパソコンの基本動作に必要なものです。これは、しっかり本人に管理させます。

教えてはいけないパスワードは、万が一子どもが勝手に使ってしまったときに、オートチャージでどんどんお金が使えたり、課金ができたりなど、子どもの管理能力を超えてしまうものです。親の承認がないと購入できないものならいいのですが、親がずっとその場にいるわけでもありませんし、たとえ限度額を決めていても、その場で「やりたい」「ほしい」気持ちが昂ったら、歯止めがきかなくなることもあります。

そして、**たとえ仲良しの友だちであっても、パスワードを軽々しく教えないように伝えましょう**。個人情報の観点からも、今後はますます注意が必要です。

セキュリティーの技術も日進月歩で、今は、指紋認証、顔認証、網膜（虹彩）認証、毛細血管認証など、新しいものがどんどん出てきています。ついていくのが大変ですが、子どもに危機管理やセキュリティーを学ばせるなら、親も一緒に勉強しないといけません。

大人になってからの失敗より、子どものうちの失敗のほうが、傷が浅くて済みますし、失うお金も知れています。そういう意味で、子どもを守るばかりでなく、少し冒険させつつ、上手に新しい技術と付き合う方法を学ぶことが大事なのだと思います。

POINT
大人になってからの失敗よりも、子どものうちの失敗を

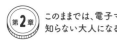

電子マネーの質問 9

ポイ活って、何をすることなの？そんなにお得なの？

答えてくれたのは

新藤正裕先生
キッズ・マネー・スクール
認定講師

「今、買えば、ポイント還元率は3倍以上！」

「お買い物するだけで、ポイントが貯まる！」

こんな広告や宣伝文句が、街中に溢れています。こういう情報に触れていると「ポイントはとにかく、お得なもの」となんとなく思わされてしまいますね。

一見「とってもお得」「貯めなくちゃ損」と思いがちですが、ポイントはただでもらえるものではありません。**買い物で「お金」や「時間」を使ったときに、その見返りとしてもらえるもの**です。

「ポイ活」も、前項「うちの子は節約大好きっ子。それも大事だけれど、お金を使うことも覚えてほしい（54ページ）」でお話しした通り、お金の使い方の1つです。ですから、「ポイ活」が自分にとって、「①浪費」「②消費」「③投資」のどれに当てはまるのか、一度考えてみてはどうでしょうか。

「ポイントがざくざく貯まります！」という謳い文句を正しくいい直せば、**「買えば買うほどポイントがざくざく貯まります！」**ということです。

どうでしょうか？　ポイントには必ず「②消費」の要素がついてまわるものだということがよくわかると思います。

ただ、人によってはポイントが貯まる仕組みをよく勉強して、ムダ遣いせず上手に貯められるよう、「ポイ活」に能動的かつ効率的に取り組んでいる方もいらっしゃるでしょう。それは、ポイ活が「③投資」ともいえるかもしれません。

一方で、「ポイントが貯まるから」という理由だけで特定の店に行き、必要ないものまで買ってしまったりしたら、一見得したような気分になりますが、「ポイ活」の実態は、ただの「①浪費」といえます。

どうせ買い物するならポイントを貯めたいと思うのは自然なことです。でも、ポイ活も消費行動の一部分であることを忘れずに。そして、子どもと一緒に我が家にとってのポイ活のルールを決めてみてもいいと思います。

＊貯めるポイントの数を絞る

＊貯めたポイントを、何に使うか家族で話し合って決める

＊ポイントを使うときは、そのポイント以上は使わない（ちょうど使い切るか、ポイント以内に収める）

などです。子どもと一緒にポイント情報を共有して、その活用方法まで話し合えたら、それはとても有意義なことですし、立派な「③投資」といえると思います。その上で、改めて子どもと一緒に「ポイントは、お得かどうか」を話し合ってみてはどうでしょうか。

POINT

子どもとポイント活用について話し合う時間、それがプライスレス

第3章

大きくなったら、
こんな大人になってほしい

働くことの質問 1

働くこととお金の関係、どんなふうに伝えたらいいですか？

答えてくれたのは

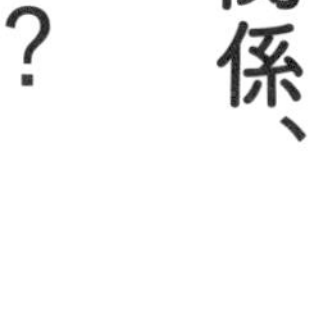

志田伸子先生
埼玉キッズ・マネー・スクール　Acht gram校

「人は生まれてから死ぬまで、生きているかぎり、お金がかかるんだよ。毎日ごはんを食べて、遊んで、学校に行けるのは、お父さんやお母さん、おうちの人が一生懸命働いてお金を稼いでいるからだ、ということを忘れないでね」

　こう前置きした上で、

「だから、仕事して、お金を得ることって、とても大事なんだよ」

と子どもに話してみてください。

「将来、何をしたらいいか、わからない」という子どもには、仕事の選択肢をたくさん見せてあげましょう。たとえば、お父さんがお医者さんだとします。「こんな仕事もあるよ」と、お医者さんの周りにあるたくさんの仕事のことを連想ゲームのように話してみてはどうでしょうか？　看護師、薬剤師、製薬会社の営業マン、レントゲン技師、施設管理やメンテナンスの人、新薬を開発する人、病気の研究者、病理検査をする人、介護士、理学療法士、病室のシーツをクリーニングする人……お父さんの仕事1つから、その仕事を支えるさまざまなものが見えてきます。知らないだけで、世の中には〝見えていない仕事〟が、たくさんあります。これらの仕事があって、お父さんの「医者」という仕事も成り立っています。

お金と仕事はセットで考えてみましょう。働くためにどんな仕事に就けばいいのかを考えるときは、身近な仕事からその周辺にあるたくさんの仕事へと視野を押し広げていきます。そして、**「どんな仕事をしたら、自分は気持ちよく稼げるかな？」「どんな仕事をしたら、誰かに『ありがとう』といってもらえるかな？　喜んでもらえるかな？　誰かの役に立つかな？」**ということも考えてみましょう。

会社からもらえるお給料は、「感謝」のしるしです。

企業の新入社員研修のときには、「お給料は、会社からの『ありがとう』です」と伝えています。会社から直接「今月もお疲れ様です。ありがとうございました」と封書に入れた現金（給料）を手渡された時代もありましたが、今は銀行振込が主流ですから、働いてお金を稼いだ実感がわきにくいかもしれません。

でも、「働いたことへの感謝なんだ」と感じながら記帳された数字を見ると、仕事への意欲が増します。「お給料は、自分の仕事に対する、『ありがとう』が乗せられているんだよ」と、こんな話も子どもにぜひしてください。

第33回「大人になったらなりたいもの」調査によると、中高生（男女）の第1位はすべて「会社員」でした。

この結果を見て、ちょっと驚きました。会社に雇われ、働いている人は、すべて「会社員」です。これは仕事というよりも、職業の総称みたいなもので、会社員といっても実にさまざまな仕事があります。会社によって、作っているモノやサービスは違いますし、同じ会社のなかにも、人事部、営業部、経理部……など多種多様な仕事の種類があって、一括りにできるほど単純ではありませんね。日本の子どもたちのなりたいイメージが少し漠然としているように思えました。

子どもが仕事に興味を持ち、そのイメージを膨らませるきっかけとして、親御さんの姿や言葉ほど響くものはありません。ですから、まずは自分の仕事のことをどんどん子どもに話しましょう。仕事によっては伝えにくいものもあるかもしれませんが、**楽しいことも失敗談も、できる限り子どもに話してください**。そうしたら、まず1つの仕事を多面的なイメージで捉えられるようになります。身近にいる大人がどんな仕事をしているかが、少しずつ仕事観を作ります。それがいつか、将来の職業選択にもきっと役立つはずです。

こうした親の姿勢が、長期的な視野で仕事を考えられる子どもを育てるのだと思います。

POINT

仕事で「ありがとう」をもらっていることを、伝える

第33回「大人になったらなりたいもの」のアンケート調査結果（第一生命保険株式会社）
https://www.dai-ichi-life.co.jp/company/news/pdf/2021_072.pdf

働くことの質問
2

たくさん稼いで、お金持ちになることがいいこと？

お金に対する価値観は、人によって違います。**この質問はとても奥が深い**ですね。

1ついえるのは、「お金はあるだけでは幸せになれないけれど、なくても幸せになれない」ということ。そういう意味では「お金持ちになるのはいいこと」でしょう。でも「お金よりも大切なもの」もたくさんあります。たとえば、それは目に見えないものだったりします。家族と過ごす時間、子どもや親への愛情、恋人や大切な友だち、仕事のやりがい、生きがいなど。これらはいくらお金を出しても、お店では買えません。

イギリスの有名な小説家、サマセット・モームは、こんな言葉を残しています。

答えてくれたのは

中阪在秀先生
キッズスマイルアカデミー
和歌山校

「金だけが人生ではない。金がない人生もまた人生とは言えない。十分な金がないと人生の半分は締め出されてしまう」

この言葉の受け止め方も、きっと人それぞれでしょう。小学校高学年くらいなら、「この言葉、どう思う?」と子どもに投げかけてみてもいいかもしれません。

この言葉は、**お金は生活を回していくために必要ですが、やりたいことや夢を実現させるときにも必要なもの**という意味です。もし十分にお金がないと、「生活はなんとかできるけれど、自分がやりたいことはできない」となることもあるかもしれません。

再び冒頭の質問に立ち返ってみると、「たくさん稼いでお金持ちになる」ということは、悪いことではありません。お金がたくさんあれば、豊かな生活も送れます。好きなものを買って、どこにだって行けます。そんなふうに考え、将来たくさん稼げる人になるために、一生懸命勉強したり、仕事のスキルを磨いたりすることは、とてもいいと思うのです。「**将来こうなりたい」という目標のために努力すること自体が大切**なことですから。

一方で、目標に向かって頑張ったり、努力しているうちに、人はとても満たされていくのではないでしょうか。知識が増える楽しさ、人と関わり合える面白さ、学びや仕事の手応えなど。こうしたものが増えていくと、当初の目的だった「お金を稼ぐこと」以上に大切な何かで、心も体も満たされていくこともきっとあるでしょう。

そうなったとき初めて、お金があったら満たされるのか、幸せか、そんなことにも気づけるのではないでしょうか。もしかしたらもっと大きな夢ができて、そのために、もっともっとたくさんのお金が必要だと気づくかもしれません。

それは、お金持ちになるために努力しなければ、わからないことなのかもしれません。

「お金持ちになることがいいことかどうか知りたいなら、どうやったらお金持ちになれるか考えてみたらどう？　そして、そのためにできることを、頑張ってみたらどうかな？」と、子どもと話し合ってみてはどうでしょうか？

お金持ちになる努力をすれば、その子にとって満足できる生き方なのかどうかも、その道筋の中できっと見えてくると思います。

POINT

「将来こうなりたい」に向かっていく先に、お金が見えてくる

働くことの質問

3

「どうやったら社長になれる？お金持ちなんでしょ？」確かにそうだけど……

答えてくれたのは

星和成先生
キッズスマイルアカデミー
札幌校

「『社長』ってどこで知ったの？」
「『社長』って、なんだと思う？」

子どもに聞かれたら、こう尋ね返してみてください。子どもが何をきっかけに「〝お金持ち〟の〝社長〟になりたい」と思ったのか、興味ありませんか？

おそらく、「社長」と「お金持ち」のイメージが結びついているのでしょうね。

社長は、たくさんお金を持っていてすごい人、のようなイメージなのでしょう。

この質問は、いずれ「お金がたくさんある＝幸せか？」という問いかけにもつながる前段階ではないかと思います。親としては、明確な答えを示す以上に、子どもの考えを知るためにも、コミュニケーションをとることのほうが大事です。

「どこで社長を知って、どうしてお金持ちだと思ったの？」

「社長になって何をしたいの？」

「お金持ちになれたら、何を買いたいの？」

こんな会話につなげていけばいいのではないでしょうか。

世の中にはいろんな種類（タイプ）の社長さんがいます。大企業の社長もいれば、小さな会社の社長もいます。

少し前に、ZOZOTOWNの前澤友作元社長が宇宙旅行の様子をYouTube配信していました。それを見た知り合いのお子さんは、「社長になりたい」といっていましたね。「見たこともない宇宙に行けるのだから、社長になりたい！」と。小さなお子さんは、前澤氏から、社長のイメージを膨らませているのかもしれません。もちろん、社長にならなくても、宇宙に行ける方法はあります。

動機はどうであれ、「社長になりたい！」気持ちは、応援してあげましょう。

歌が大好きな娘は、将来「MISIAを超える歌手になりたい！」といっています。「なぜ、そうなりたいの？」と尋ねたら、「歌が好きで、楽しいから！」と。

もし、歌手になれるかどうか聞かれたら「なれるよ、もちろんだよ！」と、私は答えます。親にできることは、「きっと、できるよ」と、見守ることしかないのではないでしょうか。

個人事業主は社長みたいなものですが、娘は私のことを社長とは思っていないようです。でも、私の仕事を見て、「どうしたらパパみたいに楽しく働けるの？」と聞いてきます。

私の働く姿をそんなふうに感じてくれているのなら、それで十分です。

いつか、「パパみたいな社長もいるんだよ」と、娘に話してみたいと思います。

POINT

なぜ社長に興味を持ったのかの〝本質〟を探ってみよう

働くことの質問 4

「お父さん（お母さん）のお給料っていくらなの？」ちゃんと答えたほうがいい？

答えてくれたのは

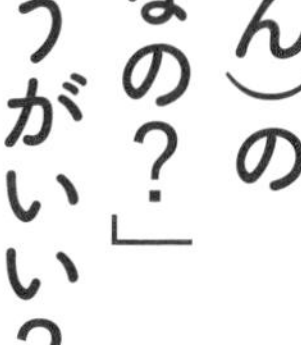

梅澤三央先生
キッズ・マネー・スクール
認定講師

私は「**ママはしっかり稼いでいるよ！**」**と伝えています**。長女は、年長さんや小学校低学年くらいの頃から、

「ママってどんな仕事をしているの？　どうやって稼いでいるの？」

と質問してきたので、

「お金の知識や知恵をたくさんの人に教える仕事をしているよ。知識や知恵があると、いろんな工夫ができるから、お金に愛されて、稼げるようにもなるんだよ」

と、子どもの目線になって答えてきました。

子どもに、たとえば「月給20万円」と伝えたところで、なかなかピンときません。そこで、リアルなお金を実感してもらいたくて、1万円札を20枚用意し、子どもの目の前に並べたこともあります。「20万円あれば、1個100円のお菓子が2000個買えるんだよ」と伝えたところ、「すごいね、ママ！」と大興奮。

そして、「**ね、すごいでしょ？ だから、ママとパパが稼いでいる今のこの環境に、感謝しようね**」と伝えました。

子どもからお給料の額を聞かれたら、たいていの親御さんは、とまどいますよね。でも、うやむやにしたり、下手に隠したりすると、お金の話を家庭内でしにくくなります。子どもに隠しごとをされたくないのと同じで、親御さんも子どもにうやむやにしないほうがいいと思うのです。

もし、具体的な額面を伝えることに「とまどい」を感じるなら、正直にいったら、お友だちにいってしまうんではないかと、心配だからではないでしょうか。私はちょっとだけひねって「我が家の成長率（GDP）」に目を向けるようにしています。「昨年と比べてどうだったかな？」「3年前と比べたら、どうだったかな？」というように。我が家の成長率（貯蓄や家計の状況）に少しでも伸び率や改善があったのなら、それを子どもにありのまま伝えます。「すごいよ、我が家は去年よりも、これだけ、よくなっているよ！」と。

しっかり稼いでいることがすごいのではなくて、今の暮らしに満足できているか、今の暮らしの収支が歪《いびつ》ではないか、そこが大事です。

お金は循環してこそ意味があります。

給料の額を伝えるかどうかは親御さんのご判断次第ですが、私は通帳も子どもに見せています。子どもの反応が「少ない！」だったら、「**じゃあ、ママとパパがもっと仕事を頑張れるように応援してね**」といいますし、「多い！」だったら、「一生懸命働いて、これだけもらえたことに感謝しなくちゃね」といいます。子どものリアクションはいろいろでしょうけれど、でも、基本的には、ポジティブな受け答えが私の信条です。

家庭の中で、あいさつをするような感覚でお金のことを気軽に話せると、お金について子どもが自由な発想ができる環境が整ってきます。

POINT

「しっかり稼いでいるよ！」「仕事応援してね！」と伝える

働くことの質問 5

塾、習い事……。たくさんお金がかかっていること、伝えたほうがいいですか？

答えてくれたのは

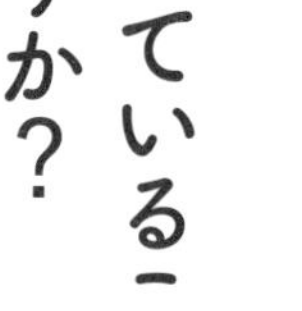

草野麻里先生
キッズ・マネー・スクール
プラチナ認定講師

お金を出しているのは親です。家賃、電気代などの暮らしにかかるお金と同様に、子どもに「塾や習い事にもお金がかかっているんだよ」と伝えるのはアリでしょう。

特に習い事は、お金に余裕がないとできません。**暮らしに必要な最低限のお金以外に使えるお金があるからこそ、できます。**「あなたがしたいことだから、お金を出しているんだよ」ということは、伝えてもいいと思います。

習い事を始めるきっかけは、親の後押しも多いです。特に受験のための学習塾などは、子どもが自ら「行きたい」といい出すことはあまりありません。「親の希望で行かせているのだから、お金のことなんていうべきじゃないのでは……」と考える親御さんもいます。

でも、きっかけは親の後押しだとしても、最終的に自分が納得し、自分の足で通っているのなら、それはもう「自分で決めたこと」です。「自分で行くと選んだのなら、自分の責任で通いなさい」と堂々といっていいでしょう。

今は習い事もいろいろあり、子どもを飽きさせないための工夫が充実しています。でも、**習い事を始めるときは「なんで習いたいのか」「どういう目標があるのか」「いつまで続けるのか」なども子どもと話し合っておきましょう**。そして、目的、コスト、本人のやる気なども考慮して、絞り込むことも必要です。あれもこれも……となりがちですが、習い事は子どもへの投資です。親が納得したらお金を出せばいいのですが、たくさんやらせすぎて、家計に影響したら本末転倒ですから！

POINT

「自分で決めたこと」と、自覚と責任をもってもらう

働くことの質問

6

習い事に行きたくないという子。休ませるべき？ 月謝を払っているのに！

三島みづほ先生
キッズ・マネー・スクール
認定講師

　月謝よりも注目すべきは、行きたくない理由を聞くことだと思います。

「練習していないから嫌だ。億劫」「なんとなく面倒くさい」などいろいろありますが、子どものこうした態度の裏には、**習い事そのものと関係ない問題が隠れていることもあります**。たとえば、習い事の先生や友だちとの人間関係がうまくいっていなかったり、あるいは、学校で何か嫌なことがあってどうしても元気が出なかったりなど。

「行きたくない」といい出したら、子どもとちゃんと向き合う時間をとることが大事です。頭ごなしに叱らず、「休みたい」という気持ちを尊重して、理由を聞きましょう。本音が聞けるまで耳を傾けるようにします。根気のいることですが、こうして**時間をかけていく**

ことで、「何かあったら、うちの親はちゃんと話を聞いてくれる。わかってくれる」という親子の信頼関係が築けます。

冒頭の質問からは少し逸れるかもしれませんが、「やめる勇気」も大事だと私は思います。日本人独特の価値観か、あるいは少し昔の時代の価値観かもしれませんが、「簡単にやめるのはよくない」「続ける美徳」が親世代にもしみついていませんか？　「石の上にも三年」「継続は力なり」という諺もあるくらいだから最もですが、「やってみたけど、なんだか違った」と思うことなんて、いくらでもあります。仕事をとっても、1つの会社に勤め続けて定年退職を迎える人のほうが今は少なくて、転職も当たり前の時代です。習い事も仕事も、やめたり手放したりする決断も必要だと思います。

手放したからこそ、新しい何かを得られることもあります。試行錯誤を繰り返して、自分の「好きなこと」を見つけていくことも、豊かな人生につながるのではないでしょうか。

POINT

休みたい理由のなかに、大きな問題が隠れているかも

働くことの質問 7

「中学を卒業したら働きたい」といわれました。どう答えたらいいのでしょうか？

答えてくれたのは

増渕慶之先生

キッズ・マネー・スクール事務局 プロジェクトチーフ

私自身の10代の頃の話になりますが、まさにこの言葉を、母親に伝えたことがあります。

「僕は中卒で働きたい。勉強があんまり好きじゃないから、高校に行ってもあまり意味がないと思うよ」と。

家族とあまりそりがよくなくて、早く自立したいという気持ちがありました。

勉強はイマイチでしたが、スポーツだけは人並み以上にできたので、部活動は頑張っていました。担任の先生に「高校には行かないで働きたい」と相談したところ、すごく親身になってくれ、こんなアドバイスをしてくれました。

「中卒でなんのスキルも常識もない若者を雇おうとする会社があると思うか？」と。そして、働きたい理由が「早く家を出たい」という私の気持ちを汲んだ上で、「スポーツができるのだから、サッカーを続けて、寮生活ができる高校を選んではどうだ?」と提案してくれました。

あのとき先生が、私の気持ちにしっかり耳を傾けてくれたからこそ、今の私があります。私は高校を卒業後、今の会社に就職しました。人と話すことが大好きだったので営業職を選びましたが、とても性に合っており、楽しく仕事をする毎日です。

子どもが「中学を卒業したら働きたい」といい出したら、たいていの親は動揺するでしょう。でも、**頭ごなしに「そんなのダメ」「高校くらいは行きなさい」と否定したり強要せず、**子どもを応援する姿勢を保ちつつ、「どうして、そうしたいのか?」「将来、どうしたいのか?」など、子どもの話をよく聞くようにしてください。

中卒で働きたい子の中には、「好きな職業に就いて働きたいから」という理由もあるかもしれません。ただ、**「好きなこと」が必ずしも「向いている仕事」とはかぎりません。**職人的な仕事なら、修業を積めばもしかしたら一人前になれるかもしれません。でも、万が一それがうまくいかなかったり、合わないとわかったとき、中卒は、他の仕事の可能性を探る選択肢が極端に減ってしまいます。

子どもの話をよく聞いて、夢や目標が何かを受け止めてあげてください。もしかしたら、**高校や大学を卒業してからのほうが、夢に近づくスピードが格段にアップするかもしれません。**そういう事実を示してあげたら、進学することにも意味を見出せるのではないでしょうか。

また、かつての私のように、「早く家を出たいから」という理由で働きたいと思っている場合もあるでしょう。寮生活ができる高校もありますから、そういう選択肢を一緒に考えてみてもいいのではないでしょうか。

とある著名な和食料理人の方がご自身のエッセイで、

「料理人にもインテリジェンスが必要。レシピを考えるには食材に関する知識が必要で、自分の料理をより魅力的に伝えるには語彙力も必要。料理人は頭がよくないとできない仕事です」

というようなことを語っていたのが印象的でした。

料理界の第一線で活躍する方の言葉を、どう受け止めますか。

どんな仕事を選んだとしても、一人前になるなら、勉強し続けなくてはいけないのです。

進学したらもちろん勉強するのは当たり前のことですが、勉強が嫌いだからといってすぐに働けるかといったら、できることはかなり限られてしまうでしょう。15歳や16歳くらいで仕事をしながら一人前を目指すのは、嫌いな勉強をするよりもはるかに厳しい道かもしれません。もちろん、わかった上でその選択をするのなら、それも間違いではありません。
頭ごなしに、子どものことを否定しないこと。そして、受け止めてあげましょう。その上で、子どもの夢や希望を親としてどうサポートできるのか、とことん子どもと話し合ってください。

POINT

否定せず、強要せずに、話し合うこと

★参考資料
『今さらだけど、「和食」をイチから考えてみた。』(笠原将弘著、清流出版)

働くことの質問

8

「大人になっても働きたくない」という子。どうしたらいいでしょうか？

答えてくれたのは

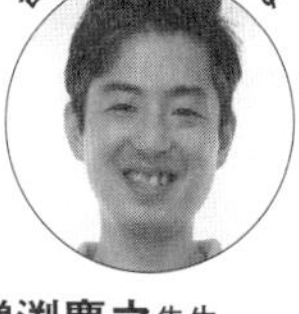

増渕慶之先生

キッズ・マネー・スクール事務局　プロジェクトチーフ

「働きたくない」といっている理由はなんでしょうか？　前項同様、頭ごなしに否定はしないで、「どうして、そう思うのか？」を子どもに尋ねてみてください。

「好きなゲームだけ、していたいな」

「理由なんて考えたくない。ただそうしたいだけ」

いろんな理由があるでしょうね。ひと通り話を聞いたら、**参考までに「生きるためにかかっているコスト」の話**をしてみてください。

当たり前にしていることすべてに、お金がかかっています。今は子どもだから、おうちの人が、ごはんを用意して、寝るところを用意して、学校に行かせてくれています。でも、家に住むにもお金がかかります。スマホを充電すれば電気代がかかります。学校や図書館などを利用できるのも、税金というお金を払っているからです。

大人になってこうした衣食住のためのお金を払えなくなったら、たちまち行き場を失ってしまいます。場合によっては、人としての信用を失うこともあります。

働いてお金を得ている大人たちは、一生懸命仕事をすることで暮らしが成り立っています。「働きたくない」といった子は、こういう大人たちを見て、「なんだか大変そうだな」「つまんなさそうだな」と感じたのかもしれません。

でもよく考えてみてください。楽しいことがずっと続くような遊びはありますか？　大好きなゲームを、毎日、毎月、1年間やり続けて、ずっとワクワクし続けられるでしょうか？　**休みの日に家でゴロゴロするのがたまらなく幸せなのも、平日学校に行って勉強したり、習い事にいって疲れちゃう日があるから**です。

大人も子どもに「働くって楽しいんだ！」という姿を毎日見せることができれば最高ですが、なかなかうまくいかないこともあります。でも、大変な中にも、一瞬「やった！」「また頑張ろう！」と手応えを感じることがあり、だからこそ、毎日会社に行ったり、働くことができるのです。

働くことにネガティブなイメージを持っている子どもは、もしかしたら、働くことを真面目に捉えすぎているのではないか、とも感じます。たとえば、「本当に好きな仕事なんてよくわからない」「長続きしないかもしれない」「職場に苦手な人がいたら嫌だな」みたいなことを考え過ぎているのかもしれません（大人だって、同じように感じています）。

でも、もし何か仕事に就いてみて、どうしても合わないと感じたら、辞めて次を考えてみればいいんです。今は「新卒で就職した会社に勤め続ける人」のほうが少数派です。また、正社員からではなく、アルバイトや派遣社員、契約社員から仕事を始める人もいます。働いてみることで自分の好きなこと、向き不向きが少しずつわかるものです。

誰もが自分が好きなことを仕事にしたいと思うでしょう。私が周囲を見て感じるのは、「好きなこと」を仕事にしている人は、向き不向きはあまり関係ないように見えます。むしろ大事なのは、「継続できたかどうか」です。どちらが先かわかりませんが、その仕事を継続しているうちに、好きになったり、やりがいを感じるようになったのかもしれませんね。そして、その道のプロとして成功している人も、やはり「やめなかった人たち」です。

さぁ、ここまで子どもに話してみたら、どうでしょうか？

「それでもやっぱり、大人になっても働きたくないと思う？」と尋ねてみてください。

人にとっての最大の恐怖は、退屈です。好きで飽きることがなかったら、最強の仕事といえるでしょう。でも、そんな仕事は最初から用意されているわけじゃなくて、いつしか手にしているものではないかなと、そう思います。

POINT

その子は、もしかしたら仕事を真面目に考えすぎているのかも

働くことの質問

9

大学はなんのために行くの？

答えてくれたのは

川瀬健太先生

キッズ・マネー・スクール
認定講師

大学に行くことを、テーマパークに行くためのチケットにたとえてみましょう。ディズニーランドやＵＳＪに行くには入場券（チケット）を買わないと行けませんよね。大学に行くことも、それと似ているところがあります。

子どもがまだ小さいうちは、なりたい職業も、夢も、コロコロと変わるものです。そもそも、「将来何になりたいか」なんてわからないお子さんもたくさんいるでしょう。でも、「大学（大学を卒業した）」というチケットを持っていれば、将来選べる選択肢が増える可能性があります。なりたい職業や仕事に就くためには、どこかの会社に入らなければできないこともあるからです。「どこかの会社に入るためには、『大学』というチケットが必要になることが多いんだよ」ということをまずは子どもに伝えてみてはどうでしょうか。

一方で、**大学に行かなくてもできる仕事、就ける職業もたくさんありますから、それもセットで伝えられるといい**ですね。世の中には本当にたくさんの仕事があり、たどりつく道も方法論も、決して1つではありませんから。それもふまえた上で、やはり大学に行くことの意味を子どもに伝えるとしたら、私は、「出会いの可能性」のことをぜひ、教えてあげてほしいと思います。小学校、中学校、高校と進学するうちに、出会う友だちの数も先生も、友だちのタイプも学ぶ世界も、どんどん広がっていきます。大学に行けば、生徒の出身地、国籍、年齢もさまざまです。そうした人たちとの出会いにより、自分の価値観が揺さぶられることや、影響を受けることもたくさんあるでしょう。

大学に行くことは長い目で見たら、人生を豊かにしてくれる可能性をたくさん秘めています。子どもにそのことをぜひ伝えてほしいと思います。

POINT

将来の可能性を広げるチケット、それが大学です

働くことの質問 10

娘の夢は専業主婦だそうです。それももちろんアリですが、このままでいい？

答えてくれたのは

森川春子先生
東京キッズ・マネー・スクール　ふるふる校

「素晴らしい夢だね、いいね！」

子どもの発言に、基本的に「ダメ」と否定的ないい方はせず、子どもの発言はすべて受け止めましょう。その上で、私ならこの後に続く会話で、子どもにこういうでしょう。

「どんな生き方を選んでも、自分が成長していくことが大事だよ。スキルや技術を磨いたり、いろんなところにでかけて、違う世界を見て、さまざまな経験をすれば、やりたいことや可能性も見えてくるから。だから、専業主婦もいいけれど、『これだけ！』と決めつけずに、その他の選択肢も自分次第で選べることを、忘れないでね」と。

まだ小学生くらいのお子さんだとしたら、**もしかしたら、専業主婦は、楽しそう！　幸**

せそう！　と思っているのかもしれません。もし、自分の身近に専業主婦がいて、楽しそうな生き方をしていれば、その影響を受けても当然です。

「このままでいい？」と不安になるのは、親御さんの世代は、専業主婦が必ずしも楽しいだけではない立ち位置ということを、よくわかっているからでしょう。仕事を持ち、自立した生き方をする選択も入れてほしい気持ちもあるのかもしれません。

一方で、専業主婦がこなしている仕事は、究極のマルチタスクです。料理・洗濯・そうじ・家計管理は際限がないですし、とことんやろうとしたら知識も労力も必要です。もし子どもを持ったら、育児も加わります。会社員とは違い給料はもらえませんが、衣食住に関わることは命を守ることでもありますから、「本気で専業主婦をやろうとしたら、大変なこともあるよ」と、子どもに伝えてみてもいいのではないでしょうか。

POINT

とりあえず肯定！
どんな夢でも否定しないでください

働くことの質問 11

「僕がなりたい職業って、将来なくなるの?」キャリア教育を受けた息子からの質問です。

答えてくれたのは

高久輝芳先生
東京キッズ・マネー・スクール　ごえん校

オックスフォード大学の調査では、ＩＴ技術の発達により、「10～20年後に49％の職業が消える」という調査もでていますが、**まったく心配ありません**。

現在、お子さんに「なりたい職業」があるのなら、ぜひそれを後押ししてあげましょう。その職業がなくなるかなくならないかなんて、気にする必要はないでしょう。「将来なくなるかもしれない職業」を知ったところで、「将来、絶対になくならない職業」というのはあるのでしょうか？

どんな職業が生き残り、どんな職業が消えてしまうかなんて、誰にもわかりません。だから、親御さんもやみくもに不安になるのは、やめましょう。

大学生になっても、自分のやりたいことがわからない人、どんな仕事にも興味が持てない人もたくさんいます。

でも、息子さんは**小学生の今、なりたい職業があるのですから、それ自体がとても素敵なこと**ですよ。その職業にたどり着くには何をしたらいいか、どんな勉強をしてどんな学校へ行けばいいか、とことん考えてみましょう。

やりたいことをとことんつきつめて、その道のプロになるために頑張れば、自ずと自分だけのキャリアが見えてくるはずです。いまはまだ、可能性や適性を探る時期だと思います。ＹｏｕＴｕｂｅｒやインフルエンサーも十数年前にはなかった仕事です。「これまでにはなかった仕事や肩書き」だって、息子さんが大人になる頃には、創り出せるかもしれません。そうなったらすごいですね！

POINT

夢があることが、すごいこと！　気にしなくて大丈夫

働くことの質問
12
なりたい職業が見つからないうちの子。大丈夫かな？

夢は知識です。知識があれば、選ぶことができます。いろんな経験をすれば、それが知識となり、夢につながることもあります。

たとえば、結婚式に参列することでウェディングプランナーという職業を知る子もいるでしょう。飛行機に乗って旅をすれば、キャビンアテンダントやパイロットに憧れるかもしれません。怪我をして入院したときの看護師さんがやさしかったら、「人を助ける仕事がしたい」と思うかもしれません。

ここ2〜3年はコロナ禍で厳しい行動制限がありましたから、小学校低学年くらいの子どもが「なりたい職業が見つからない」というのも仕方のないことでしょう。それくらい、

答えてくれたのは

室賀真奈美先生
キッズ・マネー・スクール
認定講師

経験の機会が極端に限られていたのですから。

まだなりたい職業がない子には、「何をしているときが、一番幸せ？　楽しい？」と尋ねるようにしてはどうでしょうか。**大好きなこと、楽しいことを深掘りしていくのも、職業につながるヒント**になるからです。ゲーム大好きな子には、とことんゲームをさせてもいいと思います。やりすぎの弊害もありますが、子どもの心が動いているなら、徹底的に追求させるのも1つの方法です。

さて、ここで少し親御さんにも質問です。なりたい職業を考えるのは、子どもだけの話ですか？　**親御さんご自身には、やりたい仕事はあるのでしょうか？**

子どものことはいったん横に置いておき、子育て中の方々にこそ、「自分の夢を叶えましょう！」と私はご提案したいです。親が楽しそうに仕事をしていれば、子どもはそれを感じて「自分なら、何ができるかな？」を考えるようになります。親が夢を語っていたら、子どもも自分の夢を探してみたくなります。そういうものです。

今は人生100年時代といわれているのですから、いつからでも再びなりたい仕事を見つけていくのもいいと思うのです。遅くはありません。

自分を振り返ってみても、高校生くらいの頃ですら、なりたい職業なんて、おぼろげでした。漠然と「会社員になりたい」と思っていたくらいです。子どもに将来の夢（なりたい職業）がないのではなくて、「まだ、出会っていないだけ」ですよね。

今、子どもに具体的な夢がないということは、まだまだ、無限の可能性があるともいえます。同じことは、親御さんにもいえるんですよ。

「夢はなんですか？」

「やりたいことはなんですか？」

自分自身にも、ぜひ、問いかけてみてください。

POINT

では親御さんに質問です。「あなたのやりたい仕事は？」

働くことの質問

13

私からしたら「う〜ん」と思う仕事に就きたいという娘。どうしたらいいですか？

答えてくれたのは

三浦康司先生
一般社団法人日本こどもの生き抜く力育成協会
代表理事

頭ごなしに否定したところで、子どもの夢や憧れが変わるわけじゃありません。私なら、「どうしてその仕事がいいの？」と尋ねます。

世間一般ではわりと尊敬されるような領域の仕事であったとしても、親の想像や実感が追いつかないものなら、たいていの親は難色を示すのではないでしょうか。結局、自分がよく知っている仕事ならなんとなく安心ですが、そうでないものは「わからないから不安」なのですね。

仮に、子どもが「YouTuberになりたい」といったとします。

親：どうしてYouTuberになりたいの？
子：稼ぎたいから。
親：お金を稼いだら、何をしたいの？　お金持ちになるのは楽しいこと？
子：わかんない。でも、なりたい。
親：じゃあ、どうやったらYouTuberになれるかな？　一緒に考えてみようか？

子どもの気持ちを受け止めて、「どうして、そうなりたいのか？」「その先にある目標は何か？」を、こんな会話の中で探っていきましょう。

もしかしたら、詐欺師や泥棒など、反社会的なことをする仕事に憧れることもあるかもしれません（漫画や映画の中でかっこよく描かれていることもありますね）。その場合も、「絶対ダメ！」の言葉はぐっとこらえて、「なぜ、それがいいの？」と尋ねてください。そして、「○○ちゃんが泥棒をして、相手は喜ぶ？」「もし捕まっちゃったら、悲しむ人がいるんじゃない？」「お父さんお母さんは悲しいな」と話してみましょう。

一通り話を聞いた上で、もし「かっこいいから」「お金を稼げそうだから」という理由でその仕事に憧れているのなら、

「かっこいいなら、こんな仕事もあるよ」

「お金を稼げる仕事なら、こんなのもあるよ」

と、他にもたくさんの仕事があることを提案してみてはどうでしょうか。

子どもが「こうなりたい！」という夢を語ってくれたのですから、**「いろんな仕事（職種）を見せるチャンス」と捉えましょう。**たくさんの世界を見せてあげるのが親の役目だと思います。


ただ、どんなに頑張ったところで、親が「すべてを見せてあげる」ことは不可能です。さしあたり、親がいいと共感している仕事から提案していけばいいでしょう。親自身が熱量を感じているもののほうが、子どもにも響きやすいはずです。

どうしても限定的になってしまいそうで不安があるなら、「キッザニア」のような職業体験施設に行ったり、文部科学省後援の「職業体験ＥＸＰＯ」などに参加してみるのもおすすめです。「仕事図鑑」で検索したら、あらゆる仕事を網羅したイラストや図解満載の本が、たくさんヒットします。親子で一緒に読みながら、仕事の世界観を広げてみてもいいのではないでしょうか。

いろんな選択肢を見せても、子どもの反応がイマイチだったり、関心を示さないこともきっとあるでしょう。「これだけやっているのに……」とがっかりしないで、できる限り、いろんな世界につながる機会を子どもに提供し続けてください。**期待しすぎたり一喜一憂しないのも、子育てを楽にする秘訣**ですね。親御さんはみんな、仕事に家事に忙しいのですから、それくらい鷹揚《おうよう》にかまえていないと身が持たないです！

親御さんが諦めずに機会を提供し続けていたら、きっといつか、パズルのピースがピタッとハマるように、子どもの心が動く瞬間が訪れるはずですよ。

POINT

その職業になりたい理由を、親子で深掘りしていく

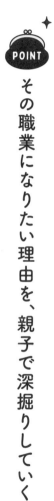

働くことの質問

14

世の中にあるいろんな仕事のこと、どうやって見せてあげるといいですか？

答えてくれたのは

寺中健悟先生

キッズ・マネー・スクール認定講師

まず、**世の中にある全部の仕事を子どもに見せるのは、不可能です。**親が持っている情報だけでは、どうしても限りがあります。

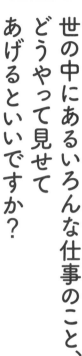

それよりも、子どものことをよく見て、たくさん話をしてください。

何をしているときが楽しそうかな？

感情が揺さぶられているのは、どんなときかな？

気持ちが動く瞬間は、いつかな？

こんな視点で、子どもの心の本質を探ってみてほしいのです。親ができることは、子どもの本質と、世の中にたくさんある仕事を結びつける〝きっかけ〟を与えることだと思います。

私はスポーツが大好きで、水泳とサッカーをやっていました。水泳で好きだったのはメドレーリレー。たいてい2番泳者で、勝敗を分ける決定打にはならなかったけれど、次にしっかりつないでいく役割。それが自分にはまっていました。個人競技ですが、チームで記録を塗り替える一体感も好きでした。サッカーでのポジションはボランチ。チームの潤滑油的な立ち位置です。目立たないけれどゲーム全体の動きを左右する下支えのような役割でした。

社会人になった今振り返ると、私は人を支えることが好きだったのだなと感じます。影の立役者というか、サポート役になれることに喜びを感じていたのですね。そのとき両親から、もし、「チームプレーが好きなんだね」と、私の「本質」を気づかせてくれるようなひとことが聞けていたら、自分の特性にもっと早く気づけていたような気もするのです。

大人が仕事を選ぶときは、年収、福利厚生、世間体などに焦点がいきがちです。でも、**自分の感情が動くような瞬間を小さな頃から自覚し、職業の本質を捉えて、自分の本質とマッチする仕事を選ぶ**ことが、本当はすごく重要です。しかし、自分と仕事の本質がミスマッチして、精神的に辛い思いをしたり、悩んだりしている姿もたくさん見ています。能力や体力があるにもかかわらず、こうした食い違いが起こるのは、会社にとっても社員にとっても、残念なことです。

子どもが小さなうちは、親がいろんな職業を見せる（教える）ことも大切ですが、子どもにいろんな経験をさせて、その子の心の動きを感じることも大切です。

そして、いつか仕事を選ぶときに、お金に依《よ》らない選び方ができたら、すごく幸せですね。そのために、親御さんが子どもの本質に気づけるような接し方をしていたら、それだけで子どもの職業の選択肢が広がるような気がします。

POINT

子どもの心がどんなときに動くか、まずはそこに注目しよう

第4章

急に電気代が増えた！
家庭からはじまる経済の話

経済の質問

1

消費税8％と10％の違い、小さい子にどう説明したらいいですか？

答えてくれたのは

増川浩範先生
キッズスマイルアカデミー
大阪中央校

とてもいい質問です！

「そんな違いに気づいたのか、すごいね！」とほめてあげましょう。これを機に、親御さんもぜひ消費税のことを勉強してみてはどうでしょうか。子どもに**算数に興味を持たせるいいチャンス**でもあります。

なんで8％と10％の違いがあるのか？　外食を例にして簡単に説明すると、テイクアウトの食べ物は8％ですが、ファミレスなど店内で食事をした場合には10％の消費税がかかります。消費税というのは、状況や提供されるサービスによって違いがあるのですね。こうした違いを知っていれば、店内で食べずにテイクアウトして公園や家で食べたら、少し節約できることもわかります。

初めて消費税3％が導入された1989年、私は小学生でした。親におつかいを頼まれると、暗算で消費税をあてるのがちょっとした楽しみでした。おまけに、「どうしたらお釣りをちょっぴりごまかせるかな？」なんてことも考えていました。そしてあるとき、すごい発見をしたんです。親に頼まれたものと、自分がほしいお菓子を分けて買ったら、まとめて買うよりも安くなったのです。理由は、スーパーやコンビニが独自に導入しているレジのシステムが「五捨六入」（＊）だったから。

スーパーのお菓子（消費税3％）を例に説明します。

50円のお菓子を1個買ったら、1円の消費税になりました。

50円のお菓子を2個（100円分）買ったら、3円の消費税になりました。

同じお菓子を2個買うなら、一度にまとめて2個買うよりも、1個を2回に分けて買ったほうが、消費税が2円になり、1円だけお得になるんです。暗算が大好きだった私は小学五年生のときにこれを発見。スーパーやコンビニにはこうした独自の計算システムがあることを知ったのです（おこづかいの〝正しい〟ごまかし方を発見できたのですね！）。

（＊）端数が5以下のときは切り捨て、6以上のときは切り上げ学校で四捨五入は習いますが、五捨六入は習いません。でも、四捨五入がわかれば、五捨六入の理屈もわかるはずです。算数の勉強にもなりますし、何より実益が出るのが嬉しいですよね。子どもの素朴な疑問は、こんなふうに探究して、押し広げていくこともできるのです。

中学生くらいになったら、消費税の仕組みや導入された経緯、消費税が何に使われるかという話もできます。でも、小学生くらいなら、**消費税があることや、消費税率に違いがあることなどに気づけただけでも、十分**です。私なら、こんな質問をする子には、着眼点の鋭さに可能性を感じてしまいます。

質問の受け止め方次第で、子どもの将来の経験値が変わります。子どもから質問されたら、正しい答えを示そうとするよりも、「この質問から何を与えられるか?」を考えて返答するといいと思います。

もしここで子どもの質問をつっぱねてしまうと、「わからないままでいいや」「聞いちゃいけないことだったのかな」で終わってしまいます。それが積み重なると、「調べることが面倒くさい」「わからないままでいいや」「聞くのはやめておこう」となってしまいます。

子どもの学びを止めることは避けたいですよね。

親御さんが答えることに、自信を持ってください。自分がわからないことがあっても、自分を責めたりしないでください。「わからないから」といい訳しないで、子どもと一緒に調べればいいいんです。調べてみて、もし間違いがわかったら、「あ、お父さん、間違ってた!ごめん!」で、笑ってハイタッチして終了! でいいでしょう。

POINT

税率が違うことがわかったなんてすごい!
そこからはじめましょう

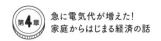

経済の質問

2

「格安」「セール」「今だけお得」！安いことはいいっていう認識でいいのかな？

答えてくれたのは

三木友梨紗先生

京都キッズ・マネー・スクール　ちくりん校

子どもが「値段の安さ」に気がついたら、ぜひ、次の2つのことを親子で考えてみてください。

❶「安いけれど、本当にほしいかな？」を考える

安いからとあれもこれも買っていたら、家にどんどんものが増えてしまいます。そもそも安くなっているからほしくなっただけかもしれません。「本当にほしいか？」と問われたら、「そうでもないかも」となるかもしれませんね。

❷「なんで安いのかな？」を考える

食料品なら売れ残りの可能性があります。その日のうちに食べきるならいいですね。

しかし、「安い」と見せかけて、実はそんなに安くない場合もあります。「半額」のシールが貼られていても、元の値段がとても高ければ、半額でも本当は「高い」かもしれません。たとえ半額でも、そもそも買わない選択をすれば、半額分のお金を使わずに済みます。

また、産地の違いが値段の違いになっていることもあります。牛肉なら、国産かオーストラリア産か？ にんにくなら、青森県産か中国産か？ など……。**産地と値段をリストにして比較したり、なぜ値段が違うかを調べるだけでも、自由研究のテーマになりそうです。**

生鮮食品なら、「旬」のものかどうかも値段に影響しますよね。旬でない果物や野菜は、ビニールハウス栽培などでコストがかかっていて、それが値段に投影されるのです。

こうして立ち止まって考えてみると、モノの値段からもいろんな世界が見えてきます。結局のところ、「本当にほしいか？」「今、必要か？」と問いかけ続けることが、賢い消費者として我が子（と自分）を育てることになります。

POINT

買い物のとき、賢く考える練習をしていきましょう

経済の質問

3

「税金高いな」とつぶやいてしまう。税金が悪者のように映っているかも……

答えてくれたのは

杉下洋二先生
キッズ・マネー・スクール
認定講師

本来、生活を豊かにするために必要な税金ですが、マイナスなイメージがつきまといますね。もし私が「税金って、なんなの？」と尋ねられたら、「**日本という国に住むための家賃だよ！**」と答えます。

周囲を見渡してみてください。

＊街並みは整然とし、道路も舗装されていて、総じてきれいです。

＊決まった時間にゴミ収集車が来て、ゴミを回収してくれます。

＊蛇口をひねれば、すぐに飲めるきれいな水が出てきます。

＊子どもたちは15歳まで義務教育で学校に通えます。

＊義務教育の勉強に必要な教科書は、無料で配布されます。

国民ひとりひとりが払っている税金があるからこそ、こうした暮らしの安心・安全が守られているのですね。日本に暮らしていると当たり前すぎて気づきにくいですが、**これだけインフラが整い、治安が保たれている国は世界でも珍しい**。税金が日本よりもはるかに低い国もありますが、治安が悪くなったり、道路や建物の整備が行き届かずに危険だったり、街のいたるところにゴミがあふれている国もあります。

ですから、子どもに税金のことを話すときは、プラスのイメージをできるだけ伝えましょう。「たくさんの人から集めたお金で、安心・安全に暮らせて、しかも学校にも行けるのだから、そのことに感謝をしようね」「勉強して学んだことを、大人になったら社会に恩返ししていこうね」と。税金の恩恵を次の世代につなげていくためにも、ちゃんと税金に目を向けないといけません。そして、「今後どのように税金を使えば、私たちの暮らしはもっとよくなるかな？」と、子どもにぜひ、尋ねてみてください。

POINT 税金のプラス面も、次世代のために伝えていきましょう

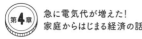

経済の質問
4

「なんで電気代が高くなったの？」との質問にどう答えればいい？

答えてくれたのは

田村敦子先生
キッズ・マネー・スクール
認定講師

この質問を投げかけられた親御さんは、ラッキーですね。

お子さんは、「どうやら電気代が上がったらしい。電気代が上がるとお母さん（お父さん）が悲しそうなのは、なんで？」と、ニュースと自分たちの暮らしを関連づけています。**家計のことや暮らしにかかるお金のことを教える、またとないチャンス**だと思いますよ。

電気代は経済のいろんな部分が絡んでいるお話です。日本は電力の大部分を火力発電に頼っています。資源に乏しい国ですから、火力発電に必要な資源は外国から輸入しないといけません。ところが、２０２２年に始まったロシアのウクライナ侵攻や円安の影響もあり、資源だけでなく、あらゆる輸入品の価格が上がっています。

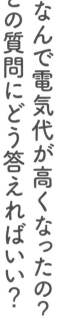

では、私たちはどうしたらいいでしょうか? ぜひ、お子さんに問いかけてほしいのです。

＊限りある資源は、大切に使わなくてはいけないこと。

＊こまめに電気を消してムダ遣いしないこと。

＊当たり前のように使っているものにも、実はお金がかかっていること。

きっと、こうしたことを話すきっかけとして、とてもいいタイミングではないでしょうか。

おおまかでもいいので、家計の収支を子どもに伝えておくのも大事です。

「親はなんでもしてくれる」「親に頼めばなんでも買ってもらえる」と思っている子もいます。電力同様、限りあるお金の中でやりくりしていることを伝えたら、子どもも家計の当事者としての意識が芽生えるのではないでしょうか。

そして、自分も社会の一員であると感じられたら、ニュースや世の中の動きを、自分の問題として引き寄せられる子に成長すると思います。

POINT

ニュースと家計がつながっているのを気づけたなんて、お子さんは天才かもしれない!

経済の質問

5

親の私も経済のことがよくわからなくて、経済についての質問に答えられません

答えてくれたのは

土橋芳孝先生
東京キッズ・マネー・スクール　アスエッジ校

答えは明快です。**親もわからないのなら、「子どもと一緒に学ぶ」、これしかないでしょう！**　答えられない質問を子どもはたびたびしてきます。そんなときは、基本的に次の3つの対処法があると思うのです。

❶**親も「わからないよ」と答える。**
❷**わからないから、本を与えたりして学ぶ環境を整える。**
❸**子どもと一緒に学ぶ。**

❶のように「わからない」と素直に答えるのもありですが、「親もわからないなら、まいっか」となり、子どもはそれ以上考えることをやめてしまうかもしれません。❷の対

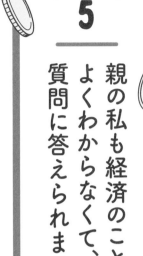

処法もいいですね。ただ、子どもによってはひとりで本を読みこなせない場合もあります。そもそも、親でもよくわからないことなのですから、本を与えたところで子どもがひとりで学びを深められるかというと、ちょっと不安が残ります。そうすると、わからないからこそ❸「子どもと一緒に学ぶ」、これしかありません。

「経済」とひとことでいっても、その意味は広義にわたります。でも、「子どもにとって一番身近な経済とはなにか?」と考えたら、まずは、**〈近所のお店でのお買い物〉、これに尽きる**のではないでしょうか。

日常の買い物は、経済の基本にあるものです。大人でも、ふだん買い物をするときに、「自分が世界経済の一部分なんだ!」と意識している人はあまりいないでしょう。でも、子どものこの質問を機に、そのことを意識してみると、買い物のワンシーンから「経済」が少し見えてきます。

＊売る人と買う人がいて、お金を介してモノやサービスの交換が行われること。
＊品物を用意して、上手に売って、お金を増やすこと。
＊お金は働くことで得られるもの。

経済とは、人間の生活に必要な生産、分配、消費する行為についての、一切の社会的関係、転じて金銭のやりとりで（＊）、**目に見えるものではありませんから、「これが経済だよ」と伝えるのは難しい**ですね。でも、「こうした店でのやりとりは、ニュースなどで聞く『経済』の一部分だよ。お金を使って買い物をすれば、経済と関わっていることになるんだよ」と話してあげましょう。そうすれば、子どもなりに「経済」の漠然としたイメージを少しずつ実感できると思うのです。

働いてお金を得たその先に、増えたお金を効率的に増やす投資や資産運用などもあります。投資や資産運用をするためには、株式、債券、世界経済全体の流れを学ぶ必要がありますが、そうした広い意味での経済を知るための足がかりは、〈近所のお店でのお買い物〉〈お店屋さんごっこ遊び〉にあります。

まずはこうしたことを意識することから、親子で経済を学んでいけばいいのではないでしょうか。

POINT

子どもの質問をきっかけに、親も経済を感じて生活してみよう

（＊）Oxford　Languagesより

経済の質問

6

「ママの会社は上場しているの？」なんでそんなことを聞くの？

答えてくれたのは

川瀬健太先生
キッズ・マネー・スクール
認定講師

まず、「上場がどういうことかわかる？」と、子どもに尋ねてみてください。**大人でも答えるのがなかなか難しい**ですね。上場は、企業が発行する株式を公開し、投資家が株式を自由に売買できる会社のことをいいますが、私は子どもに説明するとき、

「上場している会社は、ステージで演奏するオーケストラみたいな感じだよ。仕事の頑張りを株主（その会社の株を持っている人＝その会社を応援している人）たちに、堂々と見せている、そんな様子をイメージするといいよ」

と伝えています。一方で、上場している会社というのは、ほんのごく一部です。**日本のほとんどの会社は上場してはいません**。その事実を伝えた上で、

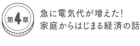

「上場していない会社というのは、目立つステージの上で頑張りを見せていない会社のことだよ。でも頑張っていることに変わりはないんだよ」ということを伝えます。**成果を見せる方法は違うけれど、上場している会社もそうじゃない会社も、頑張っていることに変わりはありません**。

「上場している会社がなんとなくすごい」と先入観が大人の側にもあるはずです。就職活動をしている学生も「とりあえず、上場企業に入りたい。なんとなく安定していていい気がする」と漠然と思っている場合も多いでしょう。「上場企業＝なんとなくいい」、こうした大人の先入観や価値観が、子どもにこうした質問をさせているのかもしれません。

仕事や会社の価値は、上場しているかどうかだけで決まるほど、単純ではありません。

子どものこうした質問をチャンスと捉えて、ぜひ、「いろんな会社があること」「そもそも上場していない会社のほうが多いこと」「会社も人と同じで、社会をよくするために頑張ることが大切だということ」などを、ぜひお子さんと話すきっかけにしてください。

POINT

楽しくたとえると、経済もちょっとわかりやすくなる

経済の質問

7

なんでコンビニより、スーパーのほうが安いの？

答えてくれたのは

春原圭吾先生
長野キッズ・マネー・スクール　わんぱく校

流通やお店の仕組みのことを教えるチャンスですね。まずはコンビニとスーパーを比較して、それぞれの特徴を子どもに尋ねてみてください。どんな意見が出てくるか……もちろん、何を答えても否定しないで、受け止めてあげてください。

ざっと両者を比較すると、こんな感じではないでしょうか？

■コンビニ…「便利」「どこにでもある」「店が小さい」「24時間営業の店が多い」「品数は多いけれど量は少ない」「店員さんが少ない」

■スーパー…「コンビニほどはたくさんない」「店が大きい」「営業時間が決まっている」「品

数も多いし量もたくさんある」「店員さんが多い」

コンビニはその名前の通り、「ｃｏｎｖｅｎｉｅｎｃｅ（便利）」なのですね。小さいわりにはたくさんの商品があり、３６５日24時間営業の店舗も少なくないです。いい換えれば、小さい面積の店に、少量でもたくさんの種類の商品を1年中24時間取り揃えておくためには、それだけの労力と管理する手間がかかっているということです。**「便利さ」を維持するにはそれなりのコストがかかります**。それが、スーパーよりも高めの価格設定にあらわれています。

子どもと身近なコンビニとスーパーを比較するだけで、いろんなことが見えてきますね。こうしたことを親子でぜひ話してみてはどうでしょうか。そして、**「どちらの店で、どんなときに、何を買うか」**についてもぜひ、意見を交わしてみてください。こうした対話が「お金の知恵」を養うことに必ずつながります。

たとえば、水が飲みたいときに、近場のコンビニで買うか、少し遠くてもスーパーで買うか？　コンビニなら1本１１０円、スーパーなら90円。どちらも少額ですが、20円の差をどう考えますか？

熱中症になりそうなくらい具合が悪いなら我慢はいけませんが、少し喉が乾いたくらいなら、遠くても安いスーパーで買うのもいいでしょう。そのコンビニでしか買えない何か特別な水なら、110円出してでも買う価値があるかもしれません。でも、水道水を水筒に入れて持ち歩けば、そもそも買わなくてもいいので節約できます。少額な差でも、1か月、年単位で計算したら、けっこうな額になる場合もありますから、1日1本、コンビニでペットボトルの水を買ったら1か月でいくらになるか、計算してみるのも面白そうですね。

こうしてほしいものとその値段、店によってものの値段が違ったとき、何をどのタイミングで、いくらで買うのか、ふだんから考える癖をつけておきましょう。こうして考えた経験の分だけ、お金の知恵が育まれます。そうすれば、大人になっても、「自分で考えて、選んで、お金を使える人」になれると思います。

POINT

考えさせて、選択させる……知恵が育っていきます

経済の質問

8

100ユーロを見せたら「これ100円？」と……。為替の概念って難しい

答えてくれたのは

三浦康司先生

一般社団法人日本こどもの生き抜く力育成協会代表理事

外貨に興味を持ってくれた瞬間ですね！　喜ばしいことです。

ちなみに、グーグルで検索してみたら、100ユーロは約1万5003円（2023年6月9日現在）でした。親御さんが即答できなければ、「わからないから、一緒に調べよう！」で、ネット検索してみてはどうでしょうか。

「円」以外にも通貨があることがわかれば、きっと他の国の通貨にももっと興味が湧くでしょう。

ユーロから始めて、米ドル、中国元、インドルピーなども円に換算するといくらになるのか、調べて比較したら面白いはずです。

また、為替は日々刻々と変化するので、別の日にもう一度見てみるのも面白いですね。

今現在、日本で流通しているのは「円」だけです。

でも、**今後、もっとたくさんの外国人が日本に住み、働くようになれば、円以外の通貨が使える店や場所も増えていくことが予想されます**。外貨の知識は、外国の人たちと一緒に暮らしたり働く上で、とても重要です。

ちょっとお金はかかりますが、もし余裕があるなら、子どもを連れて外国にもどんどん行きましょう。外貨を肌で感じるいいチャンスになります。

たとえ外国に行けなくても、国旗の本を見せてあげたり、オリンピックや各種スポーツの世界選手権などを見せてあげるだけでも、諸外国への興味・関心が育まれると思います。

POINT

大人でも説明は難しいので、一緒にネット検索でOK

経済の質問

9

今、海外に行くと損をするらしい……どうして？

答えてくれたのは

志田伸子先生

埼玉キッズ・マネー・スクール　Acht gram校

ここ数年、米ドルやユーロに対しては円安（円の価値が低い状態）が続いています。この質問を正確にいいかえると、「今、米ドル圏やユーロ圏の地域に行くと、海外のモノやサービスが割高になってしまう」ということです。

でも、カナダドル、オーストラリアドル、人民元（中国）、ウォン（大韓民国）、ルピー（インド）、レアル（ブラジル）、バーツ（タイ）など、世界中には米ドルやユーロ以外にもたくさんの通貨があります。これらの通貨を日本円に換算してみたところ、次のようになりました（２０２３年６月14日現在）。

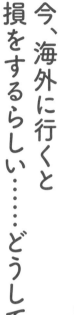

＊1米ドル（アメリカ合衆国）：140円
＊1ユーロ（ユーロ圏）：151・20円
＊1カナダドル：105・26円
＊1オーストラリアドル：94・91円
＊1人民元（中国）：19・55円
＊1ウォン（大韓民国）：0・11円
＊1ルピー（インド）：1・70円
＊1レアル（ブラジル）：28・80円
＊1バーツ（タイ）：4・05円

日本円と他の通貨を比較したとき、日本円が魅力的でないと価値が下がります。よって、たくさん日本円を払わないといけなくなり、結果、価値が下がってしまうのです。今、米ドル圏やユーロ圏に行ったときに「損をした気分」になってしまうのは、こういう状況を指しています。

たとえば、円の価値が低い円安のときに、アメリカのレストランで1個10ドルのハンバーガーを注文するとします。今、1米ドルは約140円ですから、10ドル×140円＝1400円の支払いです。

通貨の価値（為替）というのは、刻一刻と変わります。過去最大の円高としては、2011年の1ドル＝約75円というときもありました。

もしこの時代にアメリカ旅行をしたら、1個10ドルのハンバーガーが、10ドル×75円＝750円くらいで食べられたのですね。1ドル140円の今とは650円も違うのです！

日本から外国に行くということは、その国（地域）の通貨と日本円の価値を比べる必要が出てきます。でも、「海外（外国）」といってもさまざまな国がありますから、「海外に行くとおトクではない」というよりも、「どこの国（地域）」に、「いつ行くか」により、変わってきます。

もし今海外旅行するなら、米ドル圏やユーロ圏を避けて、タイやインドなどに行くほうが、少しはお得感があるかもしれませんね。

夏休みの自由研究みたいですが、毎日、いろんな地域の通貨価値を調べて、グラフにしてみるのもおすすめです。「いつか、1米ドル120円になったら、ハワイ旅行に行こうね！」と親子で楽しい目標を決めると、為替を見るモチベーションも上がりそうですね。

今後外国に行く機会があったら、できるだけ、日本円の価値が高い円高のタイミングや地域を選ぶと、現地でお金を使うときにちょっぴり得した気分になれます。

でも、行けるタイミングのときに、いつも運良く日本円の価値が高い（円高）とは限りません。たとえ日本円の価値が低い円安のときでも、楽しく外国を旅したいものです。そのためにも、コツコツ貯金をしておきましょう。そうしたら、いざというとき心置きなく遊べる余裕もできます。

POINT

通貨はドルだけじゃない、相場は毎日変わっていくことを伝えましょう

経済の質問

10

「ママの輸入品のブランドバッグはなぜ高いの？」経済を織り込んで答えたい

答えてくれたのは

野田杏理先生

キッズ・マネー・スクール事務局　統括

ブランドバッグは高いです。でも、それは輸入品（外国からきているもの）だからという理由だけではありません。もちろん、船や飛行機で運ぶから費用はかかりますが、すべての輸入品に共通のことですね。

ブランドものの商品は、大量生産された商品にはない魅力があります。そのため〝このブランドだから好き〟〝このブランドだから買いたい〟という熱狂的なファンが、世界中にいます。

その魅力はなんだと思いますか？

1つは、職人さんが手間と時間をかけて、1つ1つ丁寧に作っていること。1つのバッグを仕上げるのに、特別な技術を持つ職人さんが何か月もかけていたら、それだけ値段も高くなります。ブランドバッグを作っている人たちは、デザインや品質、高級で良質な材料を使用するなど、徹底的にこだわっています。そのブランドの歴史や伝統を大切にしているのですね。

商品をより魅力的に見せるため、有名な俳優さんたちやモデルさんたちを使って、街中や雑誌、ネット上などにかっこいい広告を打ち出します。**宣伝にかける費用は莫大になるので、宣伝費もバッグの値段に反映**されます。

こうして、長く使えて品質がいいのはもちろんのこと、デザインも雰囲気も素敵なバッグができあがります。だから、とても人気があるのですね。

ですから、ブランドバッグは普通のバッグ（大量生産された比較的安価な商品）と違って、値段が高いのです。それでも世界中で人気があるから、たくさんの人が「買いたい！」と思います。需要が高まれば、価格は上がります。

子どもに答えるときは、「**このバッグは仕事のときに、長く大事に使いたいと思ったんだよ。だから少し高かったけれど、それだけの価値があると思って買ったんだよ**」と伝えてみてはどうでしょうか？

これは買い物すべてに通じることですが、賢い買い物の基本は、「自分にとって何が本当に必要で、何にお金を出すべきか」を考えることだと思うのです。

すごく高いものでも、たとえば、10年間毎日使い続けたら、1日あたりいくらになるでしょうか？　高価なものは購入するときにこうした減価償却的な考え方で割に合うかどうかを試算してみるのも面白いですね。

たとえば、ほとんどの小学生が持っている高級品といえば、ランドセルです。「ランドセル購入に関する調査　2023年」（ランドセル工業会）によると、購入金額平均は「5万8524円」だそうです。仮に約6万円として、6年間毎日使い続けると、1日いくらになるでしょうか？

＊6万円÷（365日×6年）＝6万÷2190日＝27・39円

6万円のランドセルは、決して安くはないでしょう。でも、6年間使い続ければ、1日の使用料は「27円」です。

こうした具体的な数値を見ながら、お子さんとものの値段について、高いか安いかを考えてみるのもいいと思います。

ブランドもののバッグは、多少壊れても、修復すれば使えるものも少なくありません。

(※)参照URL ランドセル工業会　https://www.randoseru.gr.jp/graph/

10年、20年と大事に使い続けられたら、すぐに壊れる使い捨て同様のバッグより、はるかに安いかもしれませんね。

ビジネスシーンやきちんと装わなければいけないシーンでは、ブランドもののバッグが必要なときもあります。でも、近所のスーパーに買い物に行ったり、公園に遊びに行ったりするときは、効率的で使いやすい安価なバッグのほうがいいときもあります。

どちらも状況次第で必要なバッグです。いつ、どんなときに、何が必要か自分で考えて必要なお金を使えるようにしたいですね。

POINT

お母さんの大切なバッグだって、経済のお話になる

経済の質問
11

モノによって、海外産のほうが高いもの、日本産のほうが高いものがあるのは、なぜ？

答えてくれたのは

鶴岡泰希先生（つる先生）
キッズ・マネー・スクール
認定講師

なぜ、高いものと安いものがあるのか？　この質問に答えるには、まず「モノの値段はどのように決まっているのか？」を考えてみるといいのではないでしょうか。たとえば、作るのに技術が必要で、時間も材料費もかかるものは、高く売りたい商品です。反対に、簡単に作れて、時間も材料費もかからないものなら、安く売ることができます。前者なら、消費者は高くても買うでしょう。後者なら、そこそこの品質であっても安ければ買うでしょう。

＊なかなか見つけられないような貴重なものは、高いお金を出してでも買いたい。だから高い値段がつく。

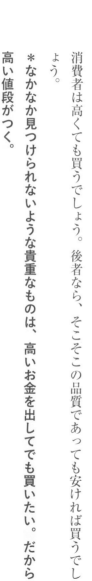

＊大量生産されたどこでも手に入るものは、安くなければ買わない。だから安い値段がつく。

モノ（商品）を作る人も、売ったお金で生活をしていますから、手間暇、人件費、品質などに見合った値段をつけないと暮らしが成り立ちません。値段がつけられるカラクリには、こういう事情があるはずです。

冒頭の質問には「海外産のほうが高いもの」「日本産のほうが高いもの」とありましたが、海外産か国内産かだけが、値段に直結するわけではないでしょう。**どちらかというと、「貴重なものであるかどうか」が、影響している**はずです。

たとえば、高級なお酒の1つに「シャンパン」がありますが、シャンパンという商品名で売ることができるのは、フランスのシャンパーニュ地方で作られたお酒だけです。日本でどんなにシャンパンに似たお酒を作っても、それは本当のシャンパンではありません。当然、外国の限られた地域でのみ作られたお酒なら、ほしい人はたくさんいますし、その量も限られていますから、価値が高まります。そうしたら、値段も高くなります。日本産の「神戸牛」や「松阪牛」にもそれがあてはまりますね。

同じことは子どものおもちゃにもいえます。たとえば、ポケモンカード。レアなものはみんながほしがるけれど数が少なくてとても貴重です。そうすると、値段も跳ね上がります。また極端なたとえになりますが、1万円で売られている家は安いと思うけれど、1万円のラーメンは高いと感じるはずですね。

「ほしいと感じるか」「価値あるものか」「手に入れやすいか」「手間暇がかかっているか」などが吟味されてものの値段は決まり、そこに価値を見出せるかどうかで、人は買うか、買わないかを判断しているのです。

「なぜ同じ牛肉なのに、和牛は100グラム2200円もするのに、オージービーフは300円なんだろう?」など、お子さんと一緒に考えてみてはどうでしょうか。カラクリが見えてくれれば、高くてもほしいと感じるかもしれませんし、たとえ安くてもほしくないと感じることもあるかもしれません。モノの値段を考えることから学べることはたくさんあります。

POINT

モノの値段を考えることは、経済への最初の一歩です

第5章

お金が増える!?
子どもも投資!?

投資の質問
1

そもそも子どもに投資を経験させたほうがいいのでしょうか？

答えてくれたのは

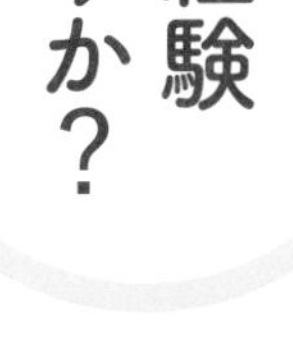

岡田隆利先生
キッズ・マネー・スクール
認定講師

これから大人になる子どもたちにとって、投資の本質を知ることはとても大切です。

「投資」と聞くと、「お金を増やすこと」というイメージがすぐに浮かぶ親御さんが多いかもしれませんが、もう少し広い意味で投資の価値を考えてみましょう。

たとえば、数ある企業の中から、子どもも大好きなファミレスを経営しているA社を選び、投資するとします。A社の株を買う人が増えて利益も増えれば、A社はさらによいサービスや商品を提供するために努力します。その新しいサービスを受け取る消費者は、「嬉しい」「おいしい」「楽しい」という気持ちになります。こうして企業と人との間に幸せや感謝の気持ちの循環が生まれます。

車好きな子どもなら、車を作っている企業を調べてみて、車を作るためにどんなふうに頑張っているか、比べてみるのも面白いでしょう。親子で工場見学に行くのもいいですね。実際に働いている人と話したら、よりいっそう、その企業を応援したくなるかもしれません。

子どもに投資の意味を教えるときは、**「社会が喜ぶ企業や自分が好きな企業を応援することだよ」**と伝えてみるのも一案です。

冒頭で、「投資＝お金儲け」のイメージのことに触れましたが、実際のところは、利益は後からついてくるだけで、**投資の本質は、あらゆる物事の成長を促す**ことです。投資をそのように捉えると、子どもの生き方を考える上でも投資がとても大切なことだと気づけます。

たとえば、夢を叶えるため、またスポーツで一番になるため、練習したり、努力したりする時間もすべて投資といえます。目標を達成するために頑張ることそのものが投資なのですね。頑張って少しでも手応えを感じられたら、同じように頑張る友だちを応援したくなるかもしれません。あるいは、自分が共感できる人や団体に寄付したくなるかもしれません。誰かを助けたり、支援することも立派な投資ですね。

気づいていないだけで、すでにお子さんは、投資を経験しているかもしれませんね。

「自分がもっとよくなるために、何を頑張っているかな？　実はそれが投資なんだよ」
「自分のために頑張るだけじゃなくて、世の中や社会がよくなるために何かすることも投資なんだよ」

こんなふうに伝えてみてはどうでしょうか。そして、親御さんご自身も、自分の成長のためにどんな投資ができるか、ぜひ考えてみてほしいと思います。

POINT

お子さんは、もしかしたらもう投資を始めているかも

投資の質問

2

投資について、子どもにどうやって伝えていいのかわかりません

答えてくれたのは

田中俊輔先生
長野キッズ・マネー・スクール　ラフテラス校

２０２２年度からはじまった、高校の新学習指導要領にて、資産形成の視点に触れるよう規定されました。金融教育を国家戦略として位置づけるというニュースが流れたことで今とてもホットな話題になっています。

でも、親世代はこれまでほとんど金融教育を受けてこなかったので、子どもにどう伝えていいのかわからないという悩みは、よく聞きます。

まず初めにお伝えしたいことは、「**投資はやらなくてはならないというものではない**」ということです。投資を始める前に、投資とは何なのかを正しく理解し、自分にとって必要なことかどうかをきちんと考えるほうが大切です。

では投資とは何でしょうか？　広辞苑によると「投資とは利益を得る目的で事業に資金を投下すること」と定義されています。投資と似た言葉に投機という言葉がありますが、両者の違いをきちんと理解できていますか？　投機はいわゆるギャンブルですが、投資はギャンブルではありません。その違いは、ちょっと難しい言葉になりますが、**「再現性の有無」**にあります。

つまり、投資も投機も目的は「利益を得ること」で、そのために「資金を投下する」という点では同じです。そのため両者の違いがわからず、勤勉な国民性という性格も相まって、日本では「投資＝ギャンブル」と見なされ、投資文化が諸外国と比べると根付いていません。

投資と投機の違いは「再現性の有無」であるといいましたが、再現性の有無とはどういうことでしょうか？　たとえば1万円分宝くじを買ったところ運よく100万円が当たったとします。では次回宝くじを買ったとしてまた100万円が当たるでしょうか？　おそらくその確率は限りなく0％に近いと思います。これが「再現性がない」ということです。ギャンブルには再現性がありません。宝くじにしろ競馬にしろ、必ず当たり外れがあります。

投資は、再現性を前提にしています。株式であれば配当金、債券であれば金利、不動産であれば家賃収入など、今年得られた利益は来年以降も得られるという期待、すなわち「再現性」があります。

将来のことを考えて若いうちから投資を行うことは、人生を豊かに過ごす上で有効な手段になるかもしれません。

しかしそれが人生の目的ではありません。大切なことは、人生をどう過ごしたいかということです。一人一人が自分の人生をどう過ごしたいかを考え、その実現のための1つの手段として投資について学ばせてあげてください。

POINT

投資は再現性がある。投機はギャンブルです

投資の質問

3

おこづかいよりも高いモノがほしい娘。投資に興味を持ちはじめたようだけれど……

投資したらお金を大きく増やせると思ったのでしょうか？　ニュースでそんな話題を聞いたのかもしれないですね！　子どもがおこづかいよりも高いモノをほしくなったのも、投資に興味を持ち始めたのも、とてもいいことです。子どもの世界が広がってきた証拠ですね。この質問に答えるポイントは2つあります。

1つは、おこづかいよりも高いモノがほしいのなら、貯金をさせること。

仮に1か月1000円のおこづかいをもらっていて、5000円の洋服がほしいのなら、5か月間貯め続ければ、5000円になり買うことができます。

効率よくお金を貯めるなら、「使うお金」「貯めるお金」「増やすお金」は、分けて管理

答えてくれたのは

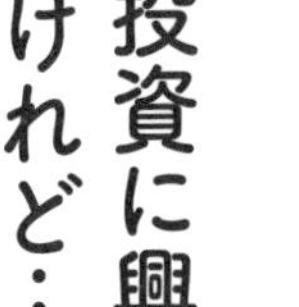

谷迫浩樹先生

奈良キッズ・マネー・スクール　認定講師

してみてはどうでしょうか。手持ちのお金を用途ごとに色分けすることを習慣にすることはおすすめです。

もう1つは、**収支の考えに投資をプラスすることです。「いかに増やすか?」ということです**ね。お金を増やす方法として、子どもが興味を持ち始めたら、「投資」をしてみてもいいでしょう。親が管理することになりますが、未成年者名義でも証券口座を開くことができる金融機関もあります。親子で応援したい会社を調べて、その会社の株を買ってみるのも面白いのではないでしょうか。「投資とは何か?」を言葉で説明するのはとても難しいですが、まずは勉強のためにも、実際にお金の値動きを見たら、こういうものかと実感できると思います。

証券口座を開設するハードルが高く感じたら、買い物をして貯まったポイントを利用した「ポイント投資」から始めてもいいでしょう。投資にはリスクもありますから、貯まったポイントが一時的に「0」になることもあるかもしれません。でも、子どもに「投資とは何か」を学ばせるのが目的なら、割り切って考えるのも1つの手です。

たとえばおこづかいのうちの100円をポイント投資にするなど、ルールを決めます。実際に投資するのは保護者ですから、子どもは親御さんにおこづかいから100円を渡します。どこのカード会社もポイント投資を始めていますから、そのご家庭で一番よく貯めている会社のポイントを選べばいいでしょう。

投資を始める注意点もあります。

＊すぐに使う予定のない余剰金でやること。

＊5〜10年くらいの長期間かけて、複数の会社に分散させて積み立てをすること。

長期分散積み立てで投資をすれば、リスクを極力抑えられます。積み立てる額も、毎月100円、1000円からでも始められます。

でも、小学生の「おこづかいが足りない！」「ほしいものが買えない！」に対応するなら、**まずは、地道にお金を貯めることから始めさせるのが王道**でしょうね。それができて初めて、「投資」という選択肢が見えてきます。

POINT 投資に注目したことは◎。でもその前にやることがあります

投資の質問 4

ポイ活もいいけれど、個人情報の大切さも知ってほしい

答えてくれたのは

堀久志先生
大分キッズ・マネー・スクール　ごえん校

「ポイ活」は、ポイントをためたり、ためたポイントを活用することをいいます。店に行ってためるポイントカードだけでなく、インターネットを使ったポイ活が主流になってきました。

インターネットは、世界中につながっていることをまず伝えましょう。ポイ活のいい点も踏まえた上で、リスクも考えてほしいと思います。

いい点の1つ目は、**還元されたポイントが家計の助けになる**ことです。浪費ではなく、生活必需品を消費するたびに貯まるのなら、ありがたいですね。

2つ目は、**貯めたポイントで投資もできる**ことも。たとえ証券会社に口座を開かなくて

も、貯まったポイントをそのままポイント投資に活用すれば、親子で投資を疑似体験できます。

3つ目は、投資の専門スキルがなくても手軽にできること。

では、なぜ、ポイントがもらえるのでしょうか？　お子さんとぜひ話してみてほしいのです。

ポイ活は、いい換えれば「物々交換」なのですね。お金がない時代、人々はお互いのほしいものを交換して暮らしていました。**ポイ活で得たポイントの代わりに私たちが支払っているものの1つに、「個人情報」**があります。年齢、住所、性別、職業、年収、メールアドレス、なにに興味があり、どんな食料品をどれくらいの頻度でいつ買うか。こうした情報は「ビッグデータ」ともいうのですが、企業などが新しい商品やサービスを考えるときに使われます。もらえるポイントは、企業からの「ありがとう」の気持ちです。それと引き換えに、買い物のたびにこうしたデータを、私たちは企業側に提供しているのです。

もちろん、企業側は個人情報を厳正に管理し、世の中や暮らしを便利で豊かにするために役立てています。一方で、個人情報を悪用する人たちもいます。子どもが気軽な気持ちでポイ活をしているのだとしたら、ポイントが有料サービスや個人情報との物々交換がされているかもしれない可能性を教えましょう。ふだんから、個人情報の取り扱いの大切さについてよく話しておく必要があります。

「○○ちゃんはもちろん、家族やお友だちも悲しむことになるかもしれないよ」と。ネットとつながるあらゆるサービスは、いったん悪用されてしまうと、自分だけでなく家族や友だちを巻き込んだトラブルに発展することもあるのです。それを重々わかったうえで、「ポイ活」するのであれば、やってみるのも1つの稼ぐ手段です。

「子どもをトラブルから守るなら、ポイ活も含めてインターネットやスマホを使わせないのが一番」なの？ と考える親御さんもいるでしょう。しかし、それでは、昔の金銭教育と同じで、**「臭いものには蓋をしろ」となってしまい、子どもが学ぶ機会を奪ってしまう**かもしれません。

何事にもいい面と悪い面があります。その両方を知り、新しい仕組みやテクノロジーを暮らしに取り入れていくのが理想的ではないでしょうか。

先日もニュースで、東南アジアの国際列車の中で紛失したスマホが、無事、持ち主に届けられた話を聞きました。落とした人は鉄道マニアだったそうですが、拾った人もまた撮り鉄だったそうです。マニアのサイトなどを通して落とし主を探し出すことができたのだとか。インターネットがなかった時代なら、こんなふうに落とし物が自分のところに返ってくるなんて、きっとあり得なかったはずです。

素敵なこともたくさんある一方で、正しく付き合わないと痛い目に遭うこともある。個人情報とも紐づいたポイ活の利用に関しても、本当に利用する価値があるのかどうかなどを、親子でじっくり話してみてはどうでしょうか。

POINT

時代の波は止められません。学びの機会と捉えていきましょう

投資の質問

5

私も投資なんてよくわかりません。子どもに教えられる気がしないです

答えてくれたのは

白波瀬雅史先生

キッズ・マネー・スクール

認定講師

わからないなら、まずは親が調べてみましょう！ 親が知らないことを、子どもには教えられないですよね？

親御さんの世代は、投資も含めたお金の教育は、ほとんど受けていません。ですから「投資＝不安、怖い」という意識があるのは仕方がないことです。こうしたネガティブなイメージがある一方で、今の子どもが社会人になる頃には、今以上に、投資が身近になっていることが予想されます。冒頭の悩みを抱えた親御さんも、「投資なんてわからない。でも、子どもには何かしら興味を持ってもらいたいし、教えなくちゃいけないな」というジレンマがおありなのでしょう。

まず、何から始めていいのかわからなければ、すごく初歩的なことですが、こんなふうにして、親御さんが学びをスタートさせてはどうでしょうか？

❶**本を読む…**「投資」関連本を読めば、概要が少しずつわかるはずです。

❷**金融機関のマネーセミナーに参加してみる…**オンラインでも講演会形式でも、いろいろ開催されています。情報収集と勉強のために、参加してみるのもありでしょう。

❸**YouTube…**一番お手軽かもしれません。ただ、いろんな人が情報発信しているので、❷同様、あくまで参考までに。勉強の足がかりの1つくらいに利用してください。

学ぶ親の背中を子どもに見せることも、いい教育になると思います。

ただ、何事もそうなのですが、**楽しく取り組めるかどうか、そこが大事です。もし、義務感や使命感から投資を学ぼうとしてストレスになるくらいなら、無理してやらなくてもいいと**思います。私は仕事柄、たまたまお金の知識がありますが、まったく何もわからない親御さんが、仕事・家事・育児・介護などで忙しい毎日の中で、新しいことを勉強する時間なんてなかなか持てないはずです。だから、ムリはしないほうがいいと思うのですね。わからないことをイチから始めるのは、それなりの負荷がかかりますから。

今すぐは、勉強もできないし、投資も始められないけれど、とりあえず、アンテナだけ立てておく。それくらいでも十分です。

冒頭のご質問をお持ちなのですから、この親御さんは、すでに小さなアンテナを立てているのですね。学びがゼロではなく、もうすでにスタートラインに立っています。

子どもとの関わり方全般にいえますが、「~すべき」「~をしなければ」はやめましょう。でも、少しでも楽しい気持ちが持てそうなら、いつか子どもに話せるように、少しずつ親御さん自身が「投資とは何か？」勉強してみましょう。

実際に勉強したあと、1000円でも、1万円でもいいので何かに投資してみたら、立派な個人投資家です。当事者になれば、経済の発展にお金を出していることにもなりますし、世界経済や円安・円高などのニュースにも関心がいくでしょうから、自分の世界が広がるきっかけになると思いますよ。

POINT
まずは親がはじめてみる。でも義務感からだけならやらない。アンテナを立てるだけで立派な投資教育

投資の質問

6

投資詐欺に遭わない大人に育てるには？

答えてくれたのは

百戸亮先生
キッズ・マネー・スクール
認定講師

投資詐欺は、**理屈がわかっていれば、「おかしいな？」「なんでかな？」と疑問が湧く**ので、だまされる前に気がつくことができます。ただ、最近は手口が巧妙になってきています。

投資詐欺を回避するには、次のことに気をつけましょう。

＊ネット上で参考になりそうな意見を探す。

＊人に相談する。

＊関係先の会社が実在するかどうか、代表番号や公に記載されたいくつかの連絡先に、電話をかけて確認する。

「人に相談する習慣」は、子どもにもぜひ身につけさせたいですね。ふだんから親子で話ができる関係性があれば、子どもが何かトラブルに巻き込まれても、親に「実は、こんなことがあって……」と話してくれるはずです。そうしたら、被害を最小限に抑えられます。未成年者が特殊詐欺などの犯罪に加担してしまうニュースも最近よく聞きますが、自分自身の個人情報を知られてしまったために、犯罪組織から脅迫されてやむをえずやってしまうケースもあるようです。

詐欺に遭わないように気をつけるのはもちろんなのですが、**子どもが詐欺師にならないようにする**ことも、お金の教育の延長線上にあります。特殊詐欺に関わってしまった若者たちも、もっと他にたくさんの夢があったはずです。お金の足りない部分を埋めるためだけに詐欺や盗みをするようになってしまったとしたら、とても哀しいことです。

私が昔、タクシー運転手だったころ、強盗が来たときの妄想をしたことがあります。

「そんなことして、何かいいことある？　これが君の夢に近づくことなの？」

「割に合わないいんじゃない？　やめたら？」

タクシー強盗で得られるお金は数万円です。人生を棒にふるリスクもあります。それだけのことをする覚悟があるなら、本当の夢を叶えるエネルギーだって、あると思うのです。

もちろん、人生はいいことばかりではありません。どんなに注意したり、気をつけたりしていても、防ぎきれない困難やトラブルは必ずあります。だまされて何かを失うこともあるでしょう。それは、失敗のない人生がないのと同じでしょうね。

でも、1つ救いがあるとしたら、小さい頃から**お金の失敗をした経験を積み上げると、リカバリーがしやすい**ということです。一度こじれた人間関係も修復は難しいですし、ムダに生活して過ぎ去った時間も取り戻せません。

その点、人間関係や時間に比べたら、お金ははるかに傷が浅くてすみます。親は子どもに痛い目に遭わせたくないと思いますが、そうしたら家から一歩も出られなくなります。たとえ少しくらい痛い目に遭って転んでも、大怪我をしない転び方の上手な子。転んでもまたすぐに立ち直れる子。

こんな子どもなら、怖がらずにどんどん前に進んでいけます。

「お金の失敗＝人生の終わり」ではありません。たとえ失敗しても、そこから再び自分の本当の夢に向えるような子が、幸せな人生を歩めるのだと思います。

POINT

親は「いつでも相談できる」存在になること

おわりに

親も子も、強く、たくましく、生き抜くために

キッズ・マネー・スクールは、全国各地で親子向けにお金の講座を展開しています。実際に講座を開いてみると、参加した親御さんたちの悩みの多さ、深さに驚くことばかりでした。

今の子育て世代は、自分自身が子どもの頃にお金の教育を受けたことがほとんどありません。自分が知らないこと、わからないことを子どもに教えるのは、至難の業です。

本書に収めた53個の質問は、講座を受講した親御さんたちから実際に寄せられたものばかり。こうした質問に接するたびに、お金の教育は子育てにおけるとても重要なテーマなのだと強く感じてきました。また、私たちがもっと貢献できることがあるのではないかと、ずっと模索もしてきました。そんな想いの結実が、本書『子どものお金相談室』なのです。

お金のことに限らず、国語も算数も理科も社会も、「模範解答」を丸暗記するだけでは知識を本当に活かせたとはいえません。模範解答を得た上で「自分ならどうするか？」「問題解決のために、この学びをどこでどう活かすか？」「もっと他の考え方はないか？」と、自分に引き寄せて考えて初めて、知識は活かされます。

講師陣で一丸となって知恵を絞り、皆さんの質問に答えましたが、決して、この本の答えだけを正解と思わないでくださいね。本書を読み、自分の頭で考え始めてようやく、この本の本当の価値が発揮されていくのだと思います。

あらゆる知識を味方にして、自分の頭で考えられる力こそが、これからの時代を生き抜くためには必要です。実際に社会に出たら、模範解答なんて誰も示してくれません。「どう生きるか」を決めるのは、自分です。

皆さんのお子さんたちが、本当の〝生きる力〟を備えた力強い子に育つことを願っています。

2023年　盛夏

キンキンに冷えたかき氷を子どもたちとほおばりながら

キッズ・マネー・スクール代表　三浦康司

著者紹介

キッズ・マネー・スクール
お金について楽しく学べる体験型の講座。代表の三浦康司が我が子向けに実践していた、年利12％の「パパ銀行」やおこづかいをドルで渡すなどの金銭教育が面白いと好評を博し、2014年から開催。いまでは全国に840人以上の認定講師を抱え、リピーター不可にもかかわらず毎回満員御礼の人気講座となっている。

監修者紹介

三浦康司　大分県別府市在住。（一社）日本こどもの生き抜く力育成協会代表理事。キッズ・マネー・スクール代表。ごえん保育園園長。おうちの買い方相談室代表。「日本中の子どもたちの生き抜く力の育成に貢献する」「子どもたちの金銭教育に貢献する」ことを使命とし、全国の仲間たちと活動を進めている。

草野麻里　大阪府在住。キッズ・マネー・スクール　プラチナ認定講師。ファイナンシャルプランナー。金融機関勤務の経験や知識を活かした、わかりやすい講座が子どもたちに大人気。「お金だけでは幸せになれない。でも、生きていくうえでお金がなくてはならないもの」をモットーに、子どもたちが将来歩みたい方向へのサポートを続けている。

6歳《さい》から身《み》につけたいマネー知識《ちしき》
子《こ》どものお金相談室《かねそうだんしつ》

2023年 8月30日　第1刷
2023年 9月 5 日　第2刷

著　　者　キッズ・マネー・スクール
監　　修　三《み》 浦《うら》 康《こう》 司《じ》
　　　　　草《くさ》 野《の》 麻《ま》 里《り》
発 行 者　小 澤 源 太 郎

責任編集　株式会社 プライム涌光
電話　編集部　03(3203)2850

発 行 所　株式会社 青春出版社
東京都新宿区若松町12番1号 〒162-0056
振替番号　00190-7-98602
電話　営業部　03(3207)1916

印刷　三松堂　　製本　フォーネット社

万一、落丁、乱丁がありました節は、お取りかえします。
ISBN978-4-413-23320-0 C0037